子どもたちの三つの「危機」

国際比較から見る日本の模索

恒吉僚子

勁草書房

はじめに

今日、日本社会は子ども達の育て方について、内省と困惑の時期にある。生きるのに精一杯であった戦争の時代、無我夢中に駆け上ってきた高度成長期を経て立ち止まってみると、日本は世界の経済大国となり、〝豊かな〟社会の仲間入りを果たし、国際的には学力を賞賛されながらも、戦後の成長を支え、子育てや教育の柱とみなされ、〝成功〟の前提とされてきた事柄の多くが、その土台において崩れていくかのように見えるのである。今日、一億総中流意識の時代が終わって格差社会の到来が叫ばれ、家庭や地域の教育力の低下はもはや常識と化し、学校に無理難題を要求する〝モンスター・ペアレント〟がメディアで話題になるかと思えば、センセーショナルに青少年犯罪の凶悪化が報道されたり、若者の意欲の減退や学力低下もまた指摘されている。

なかなか総体として見えない「危機」。その得たいの知れない「危機」に、三つの〝顔〟を与え、日本の教育やしつけを日本の外からの目線で、新たな視点から再考察しようとするのが本書の目的である。

ある社会の中にあって、その内部の視点からだけ見ていると、見えるものもあるが、見えなくなるものもある。筆者は幼少時代をアメリカで過ごし、その後も日米を行き来した関係で、日本の外で、主として英語で語られている日本と、日本人によって日本語によって語られている日本との間の落差をしばしば意識させられてきた。外と内とで語られている日本は、時として、同じ国でないようにさえ見える。それは、同じ社会の異なる面に目を向けていると同時に、異なる視点と情報を用いて見ているからである。

日本語で書かれた研究は、ごく一部の海外の日本研究者によって参照される以外には、日本の国外では読まれない。国際的に日本を語った文献は、主として英語を媒介として、日本語によって語られる日本とは別回路で流通している。日本語が世界的により普及している言語であったならば、内の議論と外の議論とが互いに交じり合うこともできようが、残念ながら、こうした状態にはない。そして、時として、外からの視点は、諸外国との比較の中で日本を位置付けるために、国内での議論とは別の視点を与えてくれるのである。

今日、青少年をめぐる社会問題に関心が集まるにつれ、日本の子どもの「危機」を唱える書籍は数多く出されるようになっている。だが、その問題提起はほとんどの場合、日本内部の言説を自明の前提としている。それらが日本が直面する問題の、ある側面を見せているのは確かである。同時に、一度国内の言説から離れ、外の視点から日本を見直すことによって初めて見えるものもある。そして、今、なぜ外から日本を見直すことにとりわけ意味があるかというと、それは、国際的に、戦後日本のしつけや教育の強さだと言われてきたものの多くが、変わりつつあるからである。そして、その変わりつつあるものは、社会変動の結果変容を迫られているものと共に、意図的な政策の選択として変革されているものも少なくないからである。国際的に日本の子育てや教育の強さとされてきたものは、日本の内部では当たり前すぎ、意外に評価されなかったり、意識化さえされてこなかったものが少なくない。そして、今日、日本社会が困惑の中でとろうとしている政策の中には、国際的には日本の強さと言われるものを、崩すものも珍しくない。

そのため、海外の日本の教育研究者に会うと、なぜ日本は国際的に評価されてきたこと、他国がモデルとしているようなことを、崩そうとしているのかと聞かれることが多くなった。それらの疑問の中には、日本のある面を理想化していたり、誤解に基づいたものもあるが、新たな視点を提供するものもある。それに対して、あれこれ自分の考えを述べてきたが、英語でばかり説明していないで、日本語で書いてみるべきだと言われたことが本書を書くにあたって頭に残った。

そして、もう一つ本書を書くにあたって念頭にあったのは、こうした不透明な時代だからこそ、当事者達の感覚を忘れてはならないということであった。今の教育政策は振り子のように一方から他方へと揺れている。そして、その結果を最も受けるのが教師であり、子どもであり、保護者であるが、彼らの声はほとんど直には政策に届かない。学校を観察してると、教育改革の言説と、社会学者としての考察と、一保護者としての思いが食い違うことを実感してきた。それはある意味では当たり前のことでもある。一保護者として見えることは、自分の子どもを通して垣間見えてくるパーソナルな世界である。研究者として見えることは研究の分析対象であり、匿名化された世界である。当事者を忘れた改革は、実践の場に合わず、変容を余儀なくされ、目的を果たすことができない。

教育は常にあるべき理想やヴィジョンと、評価や選抜、進路等の現実とが交差しているところである。極度の現実路線に走れば、数学や国語、外国語を中心とする、テストに出題され、国際的競争力に関係があると思われている教科を重視していればいい、保護者にウケがいいものを強調すればよいということになり、教育の使命は矮小化される。他方では過度な理想論に走れば、公教育は保護者に見放される。戦後、一九七〇から八〇年代に国際的に評価された企業や教育における日本型システムが、あちこちできしみつつ、現実と理想との微妙なバランスが崩れている。筆者が二十年近く前、アメリカで博士論文を書いた時の関心の一つの柱が、教育における戦後の日本型システムであった。それが揺れている今日、本書では、改めて内側からだけでは見えない日本型人間形成モデルの強さと課題について、何がなぜ国際的に評価されてきたのかを考えることを通して紐解いていきたい。

ただし、ここで、海外の視点と言った場合、英語によって書かれたものを参考にしている言語的制約と、従来、国際的に活躍した日本研究者の多くがアメリカを本拠地とする人々（日本人を含む）であったため、その研究を基にしていることを断っておく。

本書の構成は三部に分かれ、第Ⅰ部では第一の危機、「学力の危機」に焦点を当て、日本型学力システムを考える。一九九〇年代後半の学力低下論争を経て、今日、「学力」の向上に向けた取り組みは教育の大きな流れとなっている。従来、日本は、国際学力テストで高い得点を取るだけでなく、上下の開きが少ない均質的で平等な学力を育成する国として、あるいは、学級作りや対人関係を築いていくことが学力の不可欠な土壌だというような全人教育的な学力観を持ち、授業研究に象徴されるような、協同的な授業改善の仕組みを持つ国として国際的に評価されてきた。これらの中には、外で注目されることによってそのよさが国内でも一部再認識されつつあるものもあれば、社会変化の中で変容を余儀なくされたり、政策によって土台を崩されつつあるように見えるものもある。日本の学力育成の仕組みの強さは何だったのか、それによって我々は何を再認識しうるのかを問う時機が熟している。第Ⅱ部は第二の危機、つまり、「社会性の危機」に焦点を当てている。今日、西欧先進国だけでなく日本においても、子どもの社会性や対人関係能力の低下が話題になっている。第Ⅱ部では、こうした現象に一歩早く直面してきた欧米において、以前よりも共感能力を強調し、学校においては顔の見える対人関係を重視するような、「日本的」方向に向けての転換が見られることに注目する。現代日本社会が抱える子どもの社会的危機に関係して、日本型のモデルの強さはどこにあり、そして、課題はどこにあるのかを探る。第Ⅲ部では、第三の危機、つまり、「価値の危機」に触れる。日本は、東アジア的な伝統の中で、努力信仰が強く、熾烈な受験社会として知られてきた。同時に、努力主義が衰退する兆候が、こうした社会の中では日本で真っ先に見えている。こうした中で、日本の価値教育のどこが国際的に評価され、何が課題なのかを考察する。そして、終章においてはⅠ～Ⅲ部の議論を汲みながら、国際的に見た日本型人間形成システムの可能性とその転換について考える。

子どもたちの三つの「危機」

国際比較から見る日本の模索

／目次

はじめに

第Ⅰ部　学力の「危機」

第一章　世界の中の日本の学力
問題の所在

1　受験格差社会の到来？

日本の子どもの〝学力が低下している〟ことは、もはや日本人の共通認識になりつつある。経済協力開発機構（ＯＥＣＤ）の十五歳を対象にした学習到達度調査（ＰＩＳＡ、Programme for International Student Assessment）で二〇〇〇年から二〇〇三年の間で日本の読解力が八位から十四位、数学リテラシーが一位から六位に落ちたことが話題になったことは記憶に新しい。今回の二〇〇七年十二月に発表されたＰＩＳＡ二〇〇六年の結果でも、日本人生徒の数学リテラシーは十位とさらに順位を低下させ、読解力は韓国が一位の中で日本は十五位、理科の二位が六位になったこともまた、マスコミでいち早く取り上げられた（二〇〇七年十二月四日各社ニュース）。ここで、順位が独り歩きしている状況が問題であるとか、参加国の増加が日本の順位の低下に影響したとか、日本人生徒がＰＩＳＡ流の問題に不慣れなこと等をあげることはできようが、どちらにしてもこうした結果が国内の学力低下論をさらに後押しするものであることは間違いがない。

二〇〇二年の学習指導要領の改訂やそれに先立つ学力低下論争。その後も続く前記のような報道は、保護者の不安感を刺激するために、格好のビジネス・チャンスになっている。電車に乗っていて見上げれば、塾の宣伝に「学力低下」の文字が躍る。一時代前のスローガンの「ゆとり教育」は、いまや悪者になっている。その少し前、受験戦争が諸悪の根源とされていた頃とは随分の変わりようである。

かといって、受験型の社会が直面する教育問題を日本がもはや抱えていないわけではない。例えば、上位校での競争が過熱する、スピードレース的な筆記テストに対応した効率性を最重視したテスト向けの勉強になりやすい、学校外で家庭教師や塾等が発達していくのは、日本のみならず、韓国、中国等の東アジアの受験型社会に共通した傾向である。これらの社会は、急速に近代化し、教育が社会的上昇の道具として、個人的にも、国家の戦略としても用いられてきた国々である。勉強は、学ぶことが楽しいとか、それ自体に価値を見出されるよりも、国家の近代化や、出世のための早道として功利的な意味を持ってきた。

だが、今、日本では、受験圧力がかつてほど利かない層が出現しつつある。文部科学省による二〇〇七年度選抜方法別入学者数を見ると、私立大学で一般選抜によって入学した者の割合は、ついに五割を切った（四九・六％）。推薦入学による入学者が四割を超え、アドミッション・オフィス入試等、入学形態は多様化しているのである。[1] 日本私立学校振興・共済事業団の調査では、二〇〇七年春の入試時点で四年制の私立大学の四割が定員割れを起こし、[2] さらに、大学以外の進路も多様化している。

一定層にとって受験圧力が減じる中で、日本人児童生徒の学習時間の減少が問題となってきたのは周知の通りである。かつて、日本人生徒は、長時間勉強をし、それが不健全だとされたものだが、今度は一変して、勉強しないことが問題になっている。例えば、総務庁（1995）が〇歳から十五歳の子どもを持つ保護者に行った面接調査でも、七歳から十五歳で「ほとんどしていない」「三〇分くらい」は日本（四一・七％）、アメリカ（二一・〇％）、韓国（一一・三％）の順に多いとされた。また、ベネッセ（2007a）の一九九〇年、一九九六年、二〇〇一年、二〇〇六年の学習基本調査の比較においても、小・中・高全てで学習時間の減少が十年続いていた。それが、二〇〇二年の学習指導要領の改訂とその前後あたりから吹き荒れた学力低下論、学力向上政策への転換期を間にはさみ、二〇〇六年調査では、小学校、中学校で増加へと転じている。文部科学省が二〇〇七年に行った全国学力調査でも、同一調査ではないものの平成十五年度（2003）と十九年度（2007）調査の間で学習時間の増加が見られた（文部科学省 2007a, p.18）。しかし、高校生に関しては、前記調査（ベネッセ 2007a）でも減少傾向は続き、高校生の一日の平均学習時間は中学生のみならず、小学生よりも少なく、「ほとんどしない」か「およそ三〇分」だと答える生徒が三〜四割に達することが報告されている。

学習時間は、学力とも、学習意欲とも関係しているため、その減少傾向は自ずから問題になってきた。こうして、世界的に知られてきた日本の「受験地獄」は、一定の層では緩和され、日本国内では少なくとも、「勉強しない高校生」のイメージにつながっている。これをもって、脱受験（型）社会が唱えられることもあるが、実際は、受験圧力がかかっている層は未だにがむしゃらに受験勉強をしているため、脱受験（型）社会というよりは、受験型社会の枠組み自体は残しながら、受験圧力が弱まったところでは真っ先に影響が見られるような、受験格差社会の予兆が見られると言った方が正確かもしれない。

日本はしばしばアメリカの社会状況を追いかけてきた。受験格差社会への移行に関しても、日本の学校を見てアメリカの学校状況を思い出すことが多くなった。家庭の経済格差と学力との結びつきがかなり顕著に現れるアメリカ（例　PISA学力テスト）では、階層差が教育状況に大きくかかわる。そこでは、どの学校に通うか、私立へと脱出できる財力を持っているかと同時に、学校や社会がプッシュする力が弱い分、保護者が子どもを勉強するように圧力をかけるかどうかが大きく学力にかかわっている。つまり、親がプッシュ要因として日本より強く「利いている」ように見えるのである。

日本でも、よい学校がよい職、よい将来へと結びつく、右肩上がりの、高度成長的な学歴イデオロギーは通用しなくなりつつある。嫌いでも何でも、勉強すればいいことがあると、かなり広範な層を勉強にがむしゃらに駆り立てるような総動員体制的仕組みは崩れつつあるのだ。筆者は日本に就労その他で来日する外国人の子どもを観察していたことがあるが、中国系、韓国系の新来外国人の保護者の中には、日本の教師はやさしすぎる、日本の小学校の算数の方が〝遅れている〟ので、本国に帰った時に、子どもが本国での熾烈な競争についていけるかと心配している家庭もあった。ただし体験的活動を経験させてもらえるのはとてもいいことだと。ちょうど、かつてアメリカに滞在する日本人駐在員がアメリカの教育について言ってきたことである。

こうして東アジアの中で日本は真っ先に受験型社会からポスト受験型社会へと移行しているように見える。だが、相変わらず受験型社会の特徴を示しているところもある。例えば、入試が求める内容が事実上、それを目指す子どもが達成しなくてはいけない目標となるため、学校がその目標から離れれば離れるほど、子どもは学校の外で不足部分を補う必要が出てくる。大都市の私立中学受験での受験勉強はその最たる例であろうが、私立の入試で求められる内容と学校で教えている内容とがあまりにもかけ離れ、進学塾によっては、学校よりも何年も先の内容を先取りして対応している。大都市部では中学受験熱が高まり、東京、千葉、神奈川、埼玉の首都圏の二〇〇八年春の私立・国立受験率は、四谷大塚予測では一七・七%、日能研予測では二〇%（公立中高一貫校含め）である。(3)

全国的に見ればこうした中学受験層はごく限られている。しかし、極端な例であるために、ポスト受験型社会へと移行しながらも、受験型社会の枠組みを維持した受験格差社会日本の姿を考える

図表1-1　都市別、平日0～1時間、2時間半以上勉強している児童（10～11歳）

国　（学年）	「ほとんどしない」「およそ30分」「1時間」	2時間半以上
東京　（5）	49.3%	30.0%
ソウル　（5）	22.5%	51.1%
北京　（5）	24.4%	41.9%
ヘルシンキ　（4）	67.1%	13.5%
ロンドン　（6）	66.6%	13.9%
ワシントンDC（5）	74.1%	8.3%

出典：ベネッセ2007cより計算。

には好都合な例となっている。中学受験層（一日平均一五六・九分）は、確実に受験しない層（五四・三分）に比べて二、三倍の勉強時間を費やしているという調査もあるが（ベネッセ 2007b）、学校がゆとりを持とうとすればするほど、こうした子どもはゆとりがなくなる。

ベネッセ（2007c）の五カ国の大都市における小学生の調査もまた、日本が中国、韓国に似た受験型社会でありながら、（東京という日本の中での極端な例を通して）ポスト受験型社会的な面も見せていることを示唆している。東京、ソウル、ヘルシンキ、北京、ワシントンDCを比べたこの調査をもとにした図表1-1では、東京が、二時間半以上の長時間学習層をかなり抱えるという意味では他東アジア二国に共通したパターンを示しながら、同時に、一時間以下（「ほとんどしない」「およそ三〇分」「一時間」）の層も多く、欧米並みに〝ゆとり〟のある子どもと、東アジア的なおそらく受験圧力のかかっている層とに二分されていることがうかがわれる。

他方では、勉強時間に占める学校の宿題の割合が東京とソウルとは特に少なく、学校で習っていることが家庭での勉強の中心を占めている欧米三カ国に比べて、学校の学習内容とは別メニューで勉強をこな

図表1-2　都市別、平日の学習時間に占める宿題をする時間の比率（10～11歳）

国　（学年）	宿題の占める割合
東京　（5）	33.0%
ソウル　（5）	27.1%
北京　（5）	45.6%
ヘルシンキ　（4）	64.2%
ロンドン　（6）	63.2%
ワシントンDC　（5）	71.7%

出典：ベネッセ2007c。

している子ども達の姿がうかがわれる（図表1-2）。

学力低下が問題になる中で、日本の子どもの学習時間の減少だけが問題になっている感があるが、こうしたことを考えると、受験型社会では特に、学習時間が増えればよいというわけでもない。学習時間だけでなく、学習の質が大きな問題であるからだ。受験圧力に頼った学習であれば、それがなくなればすぐ学習する理由は消滅する。受験圧力に頼らずに学習の動機付けをいかにしていくかが問題なのである。つまり、学力の観点から見ると、全体として落ちている、落ちていないだけでなく、学力格差の問題と、どのようなことをして達成した学力なのかが受験型社会の場合は見ておくことが特に肝心である。

2　アジアの受験型社会とハイ・ステークス・テスト

受験圧力による動機付けとその影響下での教育のあり方に対する反省は、東アジア各国で行われてきた。東アジア受験型社会の国々に共通しているのが、選抜の手段としての筆記試験である。日本の一般選抜のように、結果が当事者にとって重大な意味を持っている試験をハイ・ステークス（high-stakes）なテストと呼ぶ。これは、イギリス、アメリカ等で学力向上が至上命題と化し、テストによる締め付けが強化される中で、にわかに脚光を浴びるようになった用語の一つである。例えば、アメリカでは、学力最重視の流れを受けて、各州がテストを開発し、州によっては、州テストの結果を生徒の高校卒業要件にしたり、問題があるとされる公立学校を強制的に改革する根拠としてもテスト結果を使ってきた（恒吉 2000）。そのため、ハイ・ステークス・テストをめぐる論争が活発となり、その弊害には、テストが自己目的化してテスト向けの指導をする（teach to the test）教師が増える、テストに出ない教科や単元が軽視される、テストの点数が一元的に独り歩きする、教師モラールの低下、テストに伴うストレス等があげられている（Amrein and Berliner 2002；Berliner and Biddle 1996）。どれも日本では聞き覚えのある事柄である。

日本はもとより、アジアの受験型社会はどれもハイ・ステークスなテストが威力を奮ってきた社会で、日韓等は、まさに、テストのための指導を（teach to the test）するための巨大産業を生み出した。日本でも、受験型社会は、一定の層では縛りを失いつつあるかもしれないが、仕組みとしては残っているのである。大都市地域は塾産業が繁栄する条件が最も整っているところだが、ベネッセ（2007c）の六カ国の国際都市の十から十一歳の調査でも、東アジア三国の児童は学習塾と学校とのダブル・スクーリング（二つの教育を受ける）のパターンを示し（東京の学習塾の通塾率五一・六%、ソウルでは七二・九%、北京では七六・六%）、学習塾に相当するものがほとんどない欧米三都市（ヘルシンキ、ロンドン、ワシントンDC）との差が歴然としている（ヘルシンキは「自由参加の学習サークルやクラブに参加していますか」で二一・一％、ロンドンは学校以外の学習の学校に通っている比率は一三・一％、ワシントンDCは七・二％である）。補習であろうと、進学であろうと、学校の外でさらに〝学校的〟なものを、小学生の半分前後、中学生の六割が受ける必要性を見出す［文部科学省（2007a）によると、通塾率、小学生四五％、中学生六〇％］日本の状況は、学校と社会の関係がどの程度健全なのかを問うものであろう。

無論、海外を見れば、学校外の教育支援自体は、様々な形があり、その中には弱者救済的なものも少なくない。例えば、アメリカのブッシュ政権の「おちこぼれを作らない法」（No Child Left Behind Act）では、学力底辺校において、公的資金を使って家庭教師を付ける仕組みが示されている。あるいは、NGOによるマイノリティ学力不振層の支援も各国で見られる。一方、民間の塾等を英語でシャドー・エデュケーション、「影の教育」（Bray 1999）と呼ぶことがあるが、その姿は、影のように、学校＝主体のあり方によって決まる。学校が対応していないが、児童生徒のニーズがあるものが存在するから「影の教育」の市場が成り立ち、韓国の「塾で勉強し、学校で寝る」状況も、日本の中学受験のように、塾なしでは合格は無理だと言われる状況も、結局は〝表〟のシステムのあり方にかかわっているのである（鄭 2003、p.30）。

筆者は国際理解教育分野に興味があるため、東南アジアの日本人学校を調査したことがある。小学校高学年ともなると、日本に帰った時のことが心配になり、多くの保護者は現地ではなく、ひたすら日本を向いて子どもを準備させていた。放課後になると、地域によっては学校の前にずらりと塾のバスが並ぶ。現地になど浸っていられないのである。これを見て、国際理解教育に熱心な教師は、現地でこそできることがあるのにと保護者の価値観を疑問視する。筆者も研究分野が分野（国際比較）であるからして、共感する気持ちはある。しかし、保護者は別段、現地理解をさせまいとしてこうした行動をとっているわけではない。日本に帰った時にどうなるのかを心配し、帰国子女枠での受験等、子どもの帰国をスムーズにするために必要だと思うことをするから、結果として現地理解にかまっていられないのである。問題は、現地に浸っていられない（少なくともそう保護者に感じさせる）仕組みになっていることにある。こうしたことをしなかった時のリスクを背負うのは学校でなく、家庭である。その部分を見ずして理想＝国際理解の方だけを強調すると、教師の方は「まったくあの保護者達の価値観はどうかしている」、ということになり、保護者の方は「学校は頼りにならない、頼りになるのは塾だけ」、ということになり、お互いに面と向かっては言わないものの、心の距離はどんどん遠くなっていくという構図になっていく。子どもが帰国し、評価され、選抜される基準が、本来教育的に望ましい内容（この場合は国際理解）と一致していない。安心して現地に浸っていられないのである。

この例は海外での特殊な条件下のため、なおさら極端な形でシステムのずれの問題が現れてくる。しかし、〝ゆとり教育〟を真正面から受け止めた学校と保護者との間で起きたずれも、これとよく似ているような気がしている。

3　混迷する日本の教育

現在、日本の教育は、学力をめぐって、混迷の状況にある。一方では学力低下が叫ばれ、学習時間の減少が社会問題化し、公教育に対する風当たりも強い。かといって、受験型社会としての問題も抱えている。例えば、韓国でも日本でも、生徒は理数系の国際学力テストで高得点をとりながら、それらの勉強内容自体は楽しくないと答える傾向がずっと続いてきた。学力はトップクラス、楽しいかと言われれば下位クラス、というのがパターンなのである。東アジアの受験型社会では、筆記試験での点数が運命を左右し、試験向けの勉強が過熱している。好きでなかろうと、面白くなかろうと、やらなければいけない状況がある。たとえ、試験の後にほとんど忘れてしまっても。

だが、知識社会の到来が叫ばれ、問題解決的な思考、考える力が大事な時代だということになると、これらのアジアの受験型社会では、創造性や思考力、内発的な学び等を強調した政策を打ち出してきた。そして、その「新しい」学力と教育のイメージは、しばしば、これらの社会を支配してきたハイ・ステークスな試験に対置する形で構想された。シンガポールの「考える学校、学ぶ国家」、中国の応試験教育に対する素質教育、日本の新学力観の政策等はその例であろう。

自分で考えたり、調べたりすることを学ぶ教育は時間がかかる。そこで、思考力、自ら学ぶ能力等と言ってみるものの、スピードレース的な筆記試験がものを言う社会では、そうしたことを悠長にしている時間は実際はない。例えば、東大の基礎学力研究開発センターで、アメリカ、シンガポール、中国、日本の小学校授業ビデオを各国の教師に見せて学力観のインタビューをする調査（Tsuneyoshi 2006）を行った。ここでも、アメリカの実践を見て、シンガポールや中国の教師は、試験勉強があるので時間のかかるアメリカのような実践に時間が取れないとしばしば発言していた。前に多民族国家マレーシアの教育省で国際理解教育の質問をした時にも、「試験に出ない」（から賢い教師はやらない）が担当者の答えであった。こうした状況を受験型社会は生みやすい。そもそも、アジアの受験型社会を見ていると、大方、選抜試験で重視されない教科は保護者や生徒にも重視されない。選抜の基準が国家試験によって統制されていれば、カリキュラムと選抜内容を対応させやすい。しかし、日本の私立セクターや大学は自律性が高く、両者の不整合が目立つ国なのである。

逆に、受験型社会の学校がこうした、長い目で見れば重要であるが、システムの要請として、目の前の目標にはそれほど必要でないものにこだわれば、子どもが今、必要なことを犠牲にすることになり、保護者の支持を得られない。これは前述のように保護者が責められるべきことでもなく、むしろ、将来必要だと思われる資質とその子どもが、今、しなくてはならない内容とが整合しない制度の方が問題なのである。

新しい学力を育てようと設置された総合的な学習の時間も、可能性としては多くのものを秘めながら、いかにもわかりづらい。前述の調査の際にも、三年生が近くの商店街を探検する日本の総合的な学習の時間のビデオを各国教師に見せて反応を記録した。その中で日本人教師の反応として特徴的なことは、総合ならば、問いが子どもから発せられないといけないが、ビデオの子どもは質問している内容が似ているために内発的ではない、よって「総合」でないのではないかとか、同じ学校内の教師の間でさえも、哲学者の問答のようであったことだった（Tsuneyoshi 2006）。子どもの取り組みの結果だけでなく、子どもの意欲、関心という、表現の仕方に個人差があり、印象によって左右されることをじかに評価し、教科との結びつきが不鮮明で、抽象度の高い言葉が並ぶ傾向等、他国に比べて日本の新しい学力の導入方法の特徴的な面が、実践として見た時のわかりづらさとなっていることを思わせる。

子どもの自主性を尊重した考える力を育成する教育が、誤解されていると感じたことも少なくない。例えば、筆者の分野である国際理解教育の助言をある市でしていた時、地域を知る一環として、地域の異文化、外国人に興味を持ってもらおうとした小学校の実践があった。ところが、小学生では高学年でも、子どもが地域の異文化について知っていることと言えば、多くの場合、家族で行く近くの中華料理屋さんくらいである。教師の方は、問いが子どもから来なくてはいけないと信じているため、地域の外国人について「知りたい」と言ってほしいわけだが、地域に外国人がいることさえ実感のない子ども達にとって、それを知りたい動機付けなどあるはずがない。大人が特定の方向性に〝仕掛け〟なければ、関心も実際には湧いてこない。

何が考える力を育成する教育であるのか、それをどのように測定するのかもまだ模索中である。考える力を強調する場合、しばしばその子どもがそれまで持っている知識や関心と結びつけたり、日常的な知識を活用することが求められる。人種、つまり肌の色と階層差が絡むために、格差が見えやすいアメリカの教室を観察していると、それまでその子どもが身につけてきた知識経験を活用させようとするのは論理としては共感できるが、子どもの「日常」も「知識」もかなり違うため、ストックの少ない子どもが不利になりやすいように見えた。後述するように、マイノリティ向けの支援をうたった学力向上モデルが、しばしばその生徒の今までの蓄積を前提としないことを強調するのも、こうしたことと関連しているように思う。

日本人生徒の例をあげると、新しい学力の測定を意図したPISA二〇〇三年度の国際学力テストでスケートボードを組み立てる部品の写真と商品名とそれぞれの価格がリストアップされている問題がある。一つの製品価格の欄には、例えば、「デッキ」、「四〇、六〇、六五」と複数の数字が書いてある（つまり、価格が複数あるということだ）。問題は、この店で部品を買ってスケートボードを作ったとして、最低価格と最高価格は何かと言うものである。数学の作業としては単純な足し算だが、日本人の正答率はOECDの平均を切り、白紙が多かったという（一〇％）（国立教育政策研究所 2004, pp.101–3）。こうした現象も、「日常」おそらくスケートボードを組み立てる経験のない多くの日本人生徒、しかもそれが数学の問題として出ていることに慣れていない、同じ欄に価格が複数書いてある問題の提示の仕方にも慣れていない日本人生徒にとっては戸惑う内容であることが関係しているのであろう。類題で練習していれば数学的には解ける計算である。日本や東アジアの受験型社会が欧米に比べて不得意であると自ら認める「新しい」タイプの学力は、一体何であり、どのように評価すべきか、こうした例をとってもかなり複雑である。日本国内でもこの点は模索中であり、全国学力調査でのB問題をめぐる議論にもそれはうかがえる。

だが、こうしたものも、問題を日常的なものにしたところで、今のところ形態としては筆記試験である。受験型社会は試験がものを言う社会であるからして、新しい学力が必要だとなれば、それが既存の試験に組み込まれることによって、生徒がそれに向けた試験勉強をしなくてはいけないものと化す。新学力的要素が入試等のハイ・ステークスな試験に取り込まれていくと（実際、日本、韓国等の上位校でそうした傾向が見られるが）、それは、〝進〟学力としての〝新〟学力という、言葉の本来の意味からすると矛盾するようなアイロニーを生みかねない。つまり、そうした意味での新しい学力は類題の問題演習を積むことによって、効率的に得点を上げるべきものとなる。

また、どこに向かうべきかが不透明な中で、学力向上を唱える意見の中には、個人差に対応するために習熟度別指導を勧めるものが多くなっている。小学校段階では、学力によるグループ分けをしない「平等主義的教育」で国際的に評価されてきた日本においても、ここ何年かの内に小学校でも習熟度別指導が算数を中心に積極的に導入されている。異質な学力の子どもを混ぜる学習方法は、欧米でも協同学習（cooperative learning）の名称で、学力格差を拡大しない方法として注目を集めている。伝統的にそうした仕組みを持ってきた日本では、今むしろそこから遠ざかっていこうとしている。それを我々はどう考えるかである。

現在、日本の子どものしつけや教育をめぐって起きている事柄は、戦後日本型の教育システム、人間形成システムの根幹に関わるだけに、本質的である。本章の焦点である学力においても、学力低下、学力格差が問題にされながら、しかしその先に見えている受験格差社会は目指すべき目標にならない。学力低下に対応して取られている措置の中には、習熟度別指導の推進のように、これまで日本の強さだと国際的には評価されてきたものを崩す改革も少なくない。こうした改革の多くは、欧米を模範としている。だが、それらの改革がその国ではどのような議論のもとで行われ、どのような弊害や問題を指摘されているのかの情報はあまり知られていない。似たような仕組みが採用され、従って、似たような弊害が出てくるにもかかわらず、それに対する用意はできていない。後発である利点は、先発例の失敗や成功から学べることである。それが必ずしもうまく機能していない。揺らぎと不安の中で、今の日本の教育の全てが悪いような論調も少なくない。しかし、戦後日本の教育は、様々な問題を抱えながらも、世界的に見ると評価されてきた。そして、日本が国際的に評価されてきたことは何だったのかを示すことを通して、日本の子どもの人間形成システムの再生にあたって、何が生かせるのかを考える材料になればと思う。

4　一九八〇年代に脚光を浴びた日本型の教育

では、日本の教育は、国際的にはどのような特徴を持つとされてきたのだろうか。

日本の教育システムに対する国際的評価が高まっていった背景には、国際学力テストでの日本人児童生徒の点数の高さや日本が急速な経済的成長を成し遂げたことが世界の共通認識になっていった点があげられる。一九八〇～一九九〇年代は、そうした意味で、貿易赤字を抱えたアメリカが、貿易摩擦の相手国日本との経済、教育競争を意識した時期であった。

しかし、皮肉にも、国際的に日本の教育への評価が定着していった頃、日本では、不登校問題、教育の国際化（例　帰国子女の増加、新来外国人の登場）、現代的な密室型の児童虐待の「発見」（斉藤 1992）等、日本型教育システムの基盤が変質していることをうかがわせる変化が表面化しつつあった。そして、ちょうど日本型がモデルとして完成したように見えたこの時期、それまで機能してきたと思われていた日本型モデルのほころびが、家庭や学校はもとより、企業の日本的経営（例　終身雇用の変質）においても、学校から企業への移行過程の仕組み（例　学校斡旋の就職の変容）（本田 2005）においても、見えてきたのである。

一九八〇年代、筆者はアメリカで大学院生として学んでいた。当時、アメリカの教育界においては、アメリカの教育「危機」を指摘する報告書が次々と出されていた。そして、アメリカを追い上げ、経済的に脅かすとされたのが日本やドイツであった。アメリカ教育省のもとで出された「危機に立つ国家」（The National Commission on Excellence in Education 1983）は、そうしたアメリカの危機を訴えた象徴的なものであったが、これに留まらず、日本やドイツの経済、教育の脅威論は、毎日のように一般紙を賑わせていた。

日本の経済的な成功の裏には優れた教育システムがあるとされ、学問の世界でも日本の教育の成功の秘訣を分析したり、日本の教育はアメリカが持っていないものを持っているとして、一種のモデルとして持ち上げる論調が多かった。例えば、経済的成功を達成する中で、日本の教育が社会の平等化に果たした役割を問うたW. カミンズの『日本における教育と平等』(Cummings 1980)、後に『心と頭脳を教育する』(Lewis 1995) を書いたルイスによる、日本の小学校の分析等が注目を浴びていた。

これらの書には一つの共通点があった。それは、多くの場合、日本の教育において国際的に高く評価されてきた初等教育とその前の就学前教育に焦点を当てていることである。さらに、中学、高校の日本の教育は受験主導だと批判されつつも、学力的には評価をされてきた。そして、二十一世紀を迎えた今日、戦後日本の急速な成長を支えてきた日本型モデルがあちこちできしみ、変革されている最中だからこそ、日本の教育の一体何が、なぜ評価されてきたのかと問い直すことに意味がある。

では、国際的には日本の教育のどこが評価されてきたのか。その内容は、大きく以下の四つに分けられるのではないかと思う。

(1) 均質的な高学力の育成力が高い
(2) 人格形成力に優れている
(3) 日本の授業の研究力が高い

（4） 教育に貢献する文化が存在する

以下、次の章でそれぞれについて、見ていくことにする。

注

（1） 文部科学省 2007「平成十九年度国公私立大学入学者選抜実施状況」（〈http://www.mext.go.jp/b_menu/jpidpi/19/09/07092611.htm〉より入手可）。

（2） 日本私立学校振興・共済事業団、私学経営相談センター 2007「平成十九（2007）年度私立大学・短期大学等入学志願動向」より。

（3）「国・私立中受験、最多更新へ 大手進学塾、首都圏の推計 公立一貫校は人気」産経新聞、二〇〇八年、一月二三日（〈http://sankei.jp.msn.com〉より入手可）。

第二章　日本型教育システムの再評価

学力と社会性

1　均質的な高学力の育成力が高い

まず、日本の教育に対する国際的評価を紐解くにあたって、日本の中では学力の低下傾向がセンセーショナルに取り上げられてきたが、海外ではまだ理数系を中心に、日本の学力に対する評価は高いことを気に留めておく必要がある。

日本の場合は、急速な近代化を遂げる中、高い受験圧力が比較的学力底辺層までをも巻き込んだ均質的な高学力を生み出してきた。高度成長期的な学力である。筆者が留学していた頃も、「最も社会主義に近い国」は実は中国ではなく、一億総中流意識の日本ではないかという議論が留学先のアジア関係講義では行われていた。つまり、日本の学力で注目されてきたのは、単に国際教育到達度評価学会（IEA）やOECDの国際学力テストにおいて点数が高いだけでなく、家庭の経済的背景の影響が少ないことである。質と平等とを同時に両立していると理解されたからである。

だが、この日本の学力像は今、危機的転換期にあるように見える。今日、学力格差の拡大が話題になり、学力の二極分化がマスコミでも取り上げられている。二〇〇六年のPISAの結果でも、日本は得点が比較的高いにもかかわらず、フィンランドや韓国、マカオ（中国）、台湾、香港等と共に、国際的に見れば家庭の階層が直接学力に転換されない社会に数えられている。しかし、同時に、高校間格差を介した不平等は大きく上下の得点が開いている国でもある(1)。

こうした格差がさらに拡大していくのであれば、日本の教育の強さの一つが失われていくことになろう。そして問題は、現在、日本において教育政策の大きな潮流となっている市場型の競争を導入した改革、例えば、学校選択等の改革は、学力格差を助長する傾向があるか、少なくとも是正しようとしたものではないということである。

多くの国において、家庭の階層差や地域格差、子どもの属性（例　性別、民族）がいかにして学校における学力格差へと転換されるかの議論は、階層格差、人種・民族格差（とそこに関係した地域や宗教等の格差）、ジェンダー格差に関係付けられて、教育の中心的なテーマの一つである。ところが、日本での論調は大分これとは違う。戦後の日本は、民族はもちろんのこと、階層による格差への視点が薄かった。そのため、近頃は「格差社会」等と言われるようになったものの、未だに階層視点は薄い。研究の分野でもそうであり、どのようなメカニズムで家庭間の格差が学力格差に転換していくのか（Lareau 2000；Willis 1977；Coleman 1966）の研究が遅れている。

現在、様々な領域で市場型の競争原理が導入されつつあり、教育政策も例外ではない。それを考える時、国際的に評価されてきた、均質的で高い日本の学力パターンの特徴は、今の傾向が続けば学力底辺層でさらに崩れていくことが予想される。全ての子どもに一定レベル以上の内容を教え、底上げしつつ、できるだけ均質的な高学力を目指す、それを受験圧力に頼らずに（頼れない状況が拡大する中）いかに追求するのかが問われている。また、一般にどの社会でも家庭の経済格差は学力を予測する最有力な指標の一つである。経済格差の拡大していく社会は、教育格差が広がっていく社会である。その意味では、国際的に評価されてきた、均質な学力を実現することは、社会の格差を少なくしていくことと不可分に結びついている。

2　人格形成力に優れている

社会性と日本の教育

日本の教育の中で国際的に評価されている第二の特徴として、正式なカリキュラムの中で、社会性の育成に力を入れている点がある。例えば、日本の場合は、小集団を使って協力することを求める活動が、勉強以外の場面で数多く設定されている。日直、班の活用や当番、係、あるいは、子どもによる掃除、と、対人関係能力を育成するような活動が意図的に学校生活の中に散りばめられているのである。

日本の学校教育のこうした面は、小学校と就学前教育、時には中学校に関しても、幾度となく海外の研究によって、日本の学校の中核的な特徴として指摘され、評価されてきた（Lewis 1995；Hendry 1986；Peak 1991; Tsuneyoshi 2001）。

今日の子どもの状況を見る時、学校は勉強面だけを担っていればよい時代ではなくなっている。家族が小規模化し、生活が個別化し、対人関係が希薄化した今日、物質的には豊かになりつつも、子どもが人との直接的な絆を築けなかったり、些細なことで切れやすいとか、逆に内に閉じこもったり等の現象が西欧先進国でも問題になっている。特に各国でセンセーショナルに取りあげられてきたのが衝動的な暴力をめぐる事件であろう。かつて、アメリカやヨーロッパにおいて学校で殺傷事件が起きても、対岸の火事だと思っていた日本でも、小学生が同級生を刃物で殺してしまう事件が起きるようになっている。欧米で問題になり始めてからも、日本には「ない」とされていた児童虐待が、今では子どもの命と幸福を脅かす一大社会問題化している。「我々の生活、そして、周囲の人々のそれにおいても、感情（emotion）が制御不可能となっている」（Goleman 1997, p.x）感覚は、豊かになったにもかかわらず、人と人との直接的な絆が薄くなっているこれらの国において、共通したものなのである。

こうしたことも関係し、道徳教育や宗教教育等の価値教育の再生、市民性教育等の公共性に関わる教育実践の再生、反暴力や葛藤解決に関わる実践が欧米、あるいは、激しい社会変動を経ているアジア他の社会でも花盛りである。こうした文脈においては、学校は狭い意味での知性の育成だけに努めていてよいはずがない。むしろ知性よりももっと根本的なのは、共感能力や社会性、協調性等の対人関係能力の育成、人格の安定であると主張する人々も登場している。従来の知能指数IQだけでなく、感情指数EQの重要性を説く研究者の一人、ゴールマンは、「現在、我々は子ども達の感情教育を偶然にまかせ、その帰結はいよいよ悲惨なものとなっている。一つの解決法は、生徒を全人として捉えること、教室において頭脳と心を統合させうる学校の新しいヴィジョンを示すことである」（1997, pp. xiii-xiv）と述べているが、日本の教育は従来からこうした全人志向を持っているため、はからずも極めて時代に沿っているということになったのである。

日本型全人教育とその課題

日本の学校の全人志向を、他国が学びうる「人格教育」（character education）だとして、最も明晰に主張した論者はアメリカのC. ルイスであろう。例えば、ルイスの『心と頭脳を教育する』（*Educating Hearts and Minds*）からの引用である。

我々が「日本から学ぶように」と促される時、日本の教育の社会的な側面はほとんど言及されない……（日本の幼稚園、小学校を訪問しながら）私が繰り返し繰り返し言われたことは、学校が子どもの全人的な要請（友情への、所属したいという意味での、貢献したいという意味での）に応えれば、子どもは学校に対して感情的な絆を形成していく。学校は真の意味で彼らの必要に応えるものだと子どもは理解して、最善を尽くすように動機付けられる……一生懸命学び、他の人の面倒を見て、自分の勉強や行動について批判的に反省するようになるのである。（Lewis 1995, p.2、括弧内は筆者）

頭脳だけでなく、心を育てる。外から見た日本の教育、とりわけ就学前教育と初等教育は、狭い意味での「勉強」ではなく、仲間との対人関係、集団への所属感等の人格形成に関わる条件整備こそが広い意味で学力の土台を作ることを示す例として用いられてきた。つまり、今日、教育が対象とすべきは狭い知性では不十分であり、対人関係を含めた広い能力を射程に入れることが本当の意味でのその子どもの可能性を伸ばすことに通じるとする国際的に受け入れられる論調に合った面を日本の学校は持っているのである。

では、日本の教育のどのような面が社会性との関係でモデル化できるのか。いくつか例示する。

A　学級のまとまりを柱とした授業の受け方。小学校は特にそうだが、中学でも、各教科の先生が教室に来る形が多く、生徒それぞれが移動していく個別化された仕組みとは違う。

B　班というあらかじめ作られた小集団や、係や当番、日直等、二人以上の子どもが一緒になって学級や学校の中での役割を遂行していくような協調的集団行動の仕組みがある。ちなみにこうした制度のないアメリカでは、教師が小集団活動をしたい時にはわざわざその都度集団を作らなくてはいけない。また、人格形成教育の一部ではないため、全ての子どもに係的なもの（例　配布物を配る）を求めるわけでもない。

C　日本の場合は、こうした協調的な行動を求める枠組みが、授業に限定されない広い範囲に及び、網羅的である。授業に限らず、対人関係能力の育成に関係する場を広く制度化している。例えば、給食の時間は「望ましい人間関係を作る」教育的意味を付与され、休み時間が社会性育成の場として意識されている、中学の部活や行事の活用等も人格形成と絡めて理解されている。

D　生徒のみならず、教師も含めた学校成員全体を覆う、目的や活動等の相互依存体制がある。生徒のみならず、教師もまた、大部屋に共存し、頻繁な委員会や学校行事等で結ばれた共同体的関係になっている。次節で見るような、校内研修等、学校全体で取り組むような仕組みがある。

だが、ここで注意をする必要がある。日本の対人関係能力の育成、特に小学校のそれは、学級経営、学級共同体の共同体的関係の上に成り立っている。密接な関係を築く共同体は、そこにうまくはまった者に対しては所属する充実感を味わわせる場となりうるが、閉鎖的な集団の論理で動いた時には、はみ出れば居心地が悪い、逃げ場のない疎外の場ともなりうる。あるいは、集団の共同的性格はそれ自体に価値があるのではなく、何のために、どのような目的での連帯なのかが問題なのである。民族中心主義を標榜する集団でも内部においては極めて共同性の高い集団でありうる。あるいは、集団の連帯がどのようにして成り立っているのかも問題である。どのように、何のために動機付けられているのかが重要なのである。大人が子どもを統制していく手段として、大人が存在しない時にも大人の目を延長する道具として、子ども同士の相互監視に用いることもできる。大人はいつもいられるわけではないが、子どもは誰かは周りにいるため、これは、休み時間さえも覆う監視体制にもなりかねない。そして、日本の学級・学校文化がこの種の傾向、特に同質化傾向、異質なものに対して閉鎖的傾向を持つことは、何らかの意味ではみ出した子どもに関する研究（例帰国子女）では、繰り返し指摘されてきた（佐藤 1995；中島 1993；恒吉 1998）。

つまり、他の人と共感し、絆を築いていくことができる対人関係能力が求められる時代において、広い層の子どもを射程に入れた公立学校という場が、対人関係能力育成をその仕組みの中に組み込んできたのは日本の教育の大きな強みである。と同時に、そこで強調されている共同性は、前記のような批判に応えるべく、意図的に異質なものとの共生と開かれた公平性を意識したものとなることが求められている。双方的な利益と平等を前提とした共存関係（江渕 2000）を志向することをより明確にするために、ここではそれを、共同性ではなく、「共生性」と呼ぶことにする。共生性は、意識的に多様な人々が平等に共生できるような社会を想定した時に必要とされる適応能力である。

また、今日の日本の子どもの対人関係能力の低下を見る時、人格形成システムとしての日本型教育システムはうまく機能していないのではないかとの疑問もあろう。この点は、欧米先進国との比較よりも、過去の日本と今とを比べた場合に説得力を持つ。それは、社会全体において対人関係が薄くなる中で、学校はどこまで有効性を持った社会性の育成ができるのかという課題にも関係している。だが、そうは言うものの、今日、兄弟姉妹の数も減り、地域での集団遊びも減少する中、同年齢層・異年齢層の子どもが階層を超えて集まるのは学校以外にないわけであり、集団の中の人間形成力に関しては、今時点では学校に期待せざるをえない。

こうした状況を見る時、そもそも本来は、閉じた集団主義的な共同体として出来上がっていったと思われる日本の全人教育、人格形成教育を支える装置が、社会性の育成を求める今日の時流に合っているとすると皮肉でもある。先進国が共通して直面する対人関係能力の危機状況を考える時、学校には広い射程での人間形成をする役割が期待されている。その際に、日本の教育が築いてきた、社会性・集団性・共同性を育成する意図的な仕組みは、大きな強みとして活用できるものであることを、海外の研究は示唆している。

3　日本の授業研究力が高い

国際的アピールを持つ日本の授業研究

さて、今日、日本の教育で最も国際的に評価をされているものの一つが、教師がお互いに協同的な関係を築き、授業を相互啓発的に改善していく仕組みとしての日本型授業研究である。

日本の教師が行う研究授業を見学するために、海外から教師集団が訪れ、通訳を介して授業を熱心に観察してメモを取っている。その後の授業研究会では、指導案の作り方や授業を見る視点を学ぶ。こうした光景が、現実に起こりつつある。

今日、日本の教育が海外において評価され、モデルとして用いられている象徴的な例が、この授業研究、通称レッスン・スタディ（lesson study）である。それは、教師がお互いの授業を見学し、その後の授業研究会では授業を改善していくために意見を交わし合う、ボトムアップ的で民主的な教師の学びのイメージと結び付けられて、海外で広まりつつある。

授業研究について日本語では書かれたものは多い。ところが、それが海外で〝発見〟され、英語で語られ、国際的な回路に乗ることによって初めて、日本型授業研究が国際的に認められつつある。しかも、実は多くの日本人は日本の授業研究が海外において高く評価されていることを知らない。

海外での授業研究の中心的発信地はアメリカであるが、アメリカでの授業研究（レッスン・スタディと言われることが多いため、今後はそう呼ぶが）の発展経緯を見ると、日本産のものが、日本人でない英語話者や海外の日本人によって、英語を媒介として説明・解説されることによって、国際的回路にその存在が知られていく状況がうかがわれる。日本版レッスン・スタディはアメリカではいくつかのまとまった発信地と共に、分権的な動きとして、各地の関心のある教師集団によって担われている[2]。ここでは、目立った発信地（者）として二つ、最近まで東海岸のコロンビア大学のティーチャーズ・カレッジを拠点にしていたC. フェルナンデスらと、キャサリン・ルイスらの西海岸のミルズ大学のグループを紹介する[3]。

前者は、アメリカと、アメリカの貿易競争国である日本、中国やドイツの学力・指導力の格差を取り上げ、自国の教育の質に不安を持つアメリカ人の心を捉えた『指導力の格差』（Stigler and Hiebert 1999）や『学習力の格差』（Stevenson and Stigler 1992）で知られるJ. スティグラー（Stigler）のもとで勉強していた日本人、M. 吉田（グローバル・教育・リソース Global Education Resource のヘッド）が授業研究について学位論文をまとめることによって（Fernandez and Yoshida 2004）、その周囲にいたアメリカ人が授業研究の意義について認識したことから始まったという。C. フェルナンデスは吉田と共にJ. スティグラーのもとで勉強していたのである。フェルナンデスの異動により、コロンビア大学を拠点にしていたレッスン・スタディの研究グループのホームページは、現時点では教育系の会社（Pearson Achievement Solutions）によって維持されることになった。

一方、ミルズ大学のグループは、日本研究者として知られるC.ルイスを中心としている。筆者がアメリカの大学院で日本の教育研究の講義に出ていた頃、必読論文として出されていたのがC.ルイスの日本の小学校のフィールドワークであった。ルイスは、講演でも何度も繰り返しているが、日本の小学校のフィールドワークを行っていた最中に授業研究の大切さに気付いたという。日本の先生方が自分の授業改善に何が役立ったのかを話題にする時、研究授業に言及することが多かったからだそうである。日本語に堪能であるルイスは、頻繁に日米、アメリカと香港等、各国を往復してレッスン・スタディの普及に努めてきた。他にも、かつて日本で教師をしていたA.高橋らのシカゴ・レッスン・スタディ・グループ（http://www.lessonstudygroup.net）やオレゴンのノースウエスト地域ラボラトリーのレッスン・スタディ（http://www.nwrel.org/msec/lessonstudy）やアメリカ教職員組合（American Federation of Teachers）がサポートしていたロチェスターNYやフロリダ、ペンシルベニアの算数・レッスン・スタディ・グループ（http://www.aft.org）等、アメリカでのレッスン・スタディは多岐にわたっている。刻一刻と状況は変わっているため、しばらくすると、グループ名は入れ替わっている可能性がある。

あるいは、日本のレッスン・スタディに触発された人々によっても、レッスン・スタディは広がりつつある。例えば、香港の学習研究／学校パートナーシップセンター（Center for Learning Study and School Partnership, Hong Kong Institute of Education）では、授業研究（Learning Studyと記している）に関するワークショップ、出版物（Mun Ling et al. eds. 2005）等を手がけている。それは当初、世界に日本の授業研究を紹介したとされている前記スティグラー（Stigler and Hiebert 1999）らの書に触発され、香港版をレッスン・スタディではなく、ラーニング・スタディ（学習研究）と名づけて、個々の子どもに配慮しながら、教師主導の協同的改革としてそれを導入してきたものである。(4) 日本の授業研究に比べると、テスト結果を用いて、授業研究の効果を証明することに熱心である点をあげられよう。特定の改革を採用するにあたって、〝客観的〟に有効性を証明することを求められる点は、今の国際的な流れでもある。あるいは、東大に客員教授として来日したシンガポールのＮＩＥ（National Institute of Education）のＣ．リーらのチームによっても、シンガポールで授業研究がパイロットされている。

日本型の授業研究はなぜ国際的に評価されてきたのか。その大きな理由は、教師自身の手による協同的改革、子どもの学習を軸にした教師のプロフェッショナル・デベロプメント、つまり、民主主義的な、ボトムアップ的な授業改善の方法として理解されているからであろう。そして、日本の授業研究が教師の相互啓発の仕組みをかなり完成された形で見せているのも確かである。例えば、アメリカの小学校を観察していると、日本のように大部屋の職員室がなく、共同する部屋も少なく、そもそも学校の教員が定期的に集団で話し合ったり、同じ学校の目標に一致して向き合うことが前提になった仕組みになっていない。こうした状態に比べると、全国的に、相互啓発の仕組みとして機能しうる装置やそれを支えるイデオロギーを持っていることは、日本の教育にとって大きな強みとなりうる。問題はいかにしてそれを活用しうるかである。

授業研究の国際化が示唆すること

C.ルイスが日本に来日し、日本型授業研究や校内研修について日本の教師に講演していた時に、聴衆の中から、ほめられるのはよいが、授業研究も形骸化していることもしばしばある、授業研究会も嫌々参加している場合もあり、自由に参加しているアメリカの教師とは異なるという意見が出た。橋本他（2003）は授業研究会のスタイルとして、学校内で行う（校内研究会）、各都道府県・各市町村・区での研究会、教育委員会等による研究会、附属学校によるもの、民間の学会等によるものを区別しているが、この中で最も「日本的」なのが冒頭の学校がまとまりとなっている校内研究会であろう。

原則として全員参加で、共同体への何かしらの貢献をすることを求めるのは伝統的な共同体の論理である。そして、日本の学校は、いたるところでこの共同体の論理が働いている。この弊害はもちろんある。同時に、アメリカの小学校を観察していると、前記のような共同的な授業改善の仕組みがなぜ魅力があるのかがわかる。アメリカでは、個々が競争的な関係に置かれて、終身雇用を得ていない教員は特に、地位が安定していない。そのため、こうした教師にとっては授業を批評されることは、校長等上位の教員にされる場合には「評価」となり、同僚からされる場合には利害が対立する競争者としての発言になりやすい。競争的な関係にあり、しかも、従来は教える内容や方法にかなり教員個人の自由裁量があったため、自分で一生懸命教材研究したリソースを、ライバル達に無防備に渡してしまうのを嫌がる教員もいる。

一九八〇年代以後、アメリカでは学力低下論争が勃発し、州テストを使ってテストに沿った指導を求める動きが強くなってきた。そのため、学区によってはテストに沿った統一的なカリキュラムを用意するところさえ出ている。こうした学区の一つを観察した時には、皮肉にも、実践できる内容が縛られて「自由」がなくなったため、逆に指導法の工夫とか、教材の用い方等については意見を交わしやすくなっていた。そう考えると、日本において、これほど授業研究が発達し、教授法や授業の工夫についての議論を交わす仕組みが栄えてきたのも、実はある面では日本の教師が学習指導要領と検定教科書に縛られているから、内容の大筋を決められているからだとさえ言えるのかもしれない。他の県から来ていきなり参加しても、連続性があり、何の単元の何の話なのか、教科書は違っても大筋は同じであり、教師もわかり、子どももわかるのである。

アメリカの教師の議論で日本の授業についていつも話題になっていたのが、批評する教師が攻撃的にならず、授業者が防衛的にならないことであった。もちろん、このように進む場合ばかりではないが、見ていて感じるのは、日本の授業の検討会では、率直な意見は言うべきだが個人攻撃は避け、子どもをよりよく見取っていく等の共通した問いと向き合うべきだ等の暗黙の共同的関係を維持するルールが働いている。それは、あるレベルでは共通した教師文化の一部となり、一々リストアップされて学校に貼り出されることはない。ところが、これでは外国人は全く何の話だかわからない。そして、海外の視察団に同行したこともあるが、どうしてそのようにするのかの質問が出ても、日本の教師にとっては当たり前すぎて、すぐには答えが出てこないことも多かった。

そこで、海外に向かって日本版授業研究を発信した人々は、暗黙の了解で日本では多くの場合行われていた内容を、明文化していったのである。同時に、こうした明文化されたものを通して、日本の教育が暗黙の前提としてきたことをよりよく理解することができる。

一つの特徴的なことは、細かい学習指導案の存在である。「爽快に流れる川のごとく」（Lewis and Tsuchida 1998）と評される日本の授業は、計画（指導案）にのっとった体系性があるから外部からは流れるように見える。だが、ここで注目すべきは、実は大学レベルに行くと、日米の立場は逆転するのである。アメリカの講義では、詳細なシラバスが求められている。それは、学生に身に付けさせたい学問的知識体系と考え方を、体系的に展開するために、毎回の講義内容がそれを達成するように積み上げられ、それぞれの回に読んでくるべき課題（リーディングス）を示している。それらの課題は図書館でいくつも用意され、借りられなかったことを理由にしてやってこないことが許されないようになっている。講義はシラバスに沿って展開されるわけであり、充実したシラバス、つまり計画を作り、学生が知っておくべき基礎文献がそこにちゃんと記されていることが、よいシラバス、ひいてはそれに基づく講義の体系性を保障する。そのため、筆者の所属するアメリカ社会学会では例えば、色々なテーマに関して、会員のシラバス集を売っている。日本の教師が互いの指導案を見ながら学習できるように、あちらの研究者は教育者としての役割において、シラバスを研究するのである。そして、「流れる」かのように見える授業・講義は、実はこうした考え抜いた計画に支えられてのことなのである。日本の大学の講義がしばしば体系的に「流れていかない」

と言われるのも、アメリカの小中学校の授業が「流れるように」進まないのも、こうした授業・講義の計画を書いたり、相互の授業・講義を公開したり、相互学習していくシステムがないことがおそらく一因なのである。どちらの国にも、異なる教育レベルにおいては、「流れるような」授業・講義を実現していく伝統があるからである。

確かに、日本でも、嫌々授業研究会に参加しているような場合もあれば、民主的に運営されていない場合もある。しかし、教師集団が相互の授業を参考にしたり、共通の目標を話し合う仕組みが既にあることは、日本の教育の一つの強みであることを外からの視点は示しているように思える。シンガポールで授業研究を導入しようとしている研究者と話した時に導入にあたっての大きな問題は、教師が共通して集まれる時間帯がないこと、集まるべきだという共通理解がないこと、授業研究の意図が理解されず、授業のコメントが評価としての性格を持ちやすいこと等をあげていた。ないものを築くのと、既にある仕組みをより民主的に変えていくのとは、その大変さが異なる。

日本の問題解決的授業

日本式授業研究の隆盛には、日本の授業（海外で模範となっているのは算数・数学）に対する評価の高さも関係している。日本の授業が優れたものであるというイメージを最も海外において印象付けたものが、おそらく前述のスティグラーらが行った、国際教育到達度評価学会ＩＥＡの国際学力テストＴＩＭＳＳをもとにした日本、ドイツ、アメリカの授業比較であったろう。そこにあって、スティグラー達は、概念の把握を促している、つまり、考えさせる授業を行っているのはアメリカ（やドイツ）よりも日本の授業であり、アメリカの数学の専門家が提唱しているような問題解決的授業を実現しているのは、アメリカの教師ではなく、日本の教師であることを（しかもそれが型として定着していることを）、三カ国の授業ビデオの分析を通して示した。内容も日本の方がアメリカより高度であり、アメリカのように定義や公式を示すだけでなく、日本はそれに向かって子どもを考えさせていくとした。そして、子どもが活動している時間が教師主導のアメリカに対して多いとされたのである。しかも、授業のトピックがあちこちに飛んで、アナウンス等の、授業を中断するものが多い中で体系的な理解が難しいアメリカの授業に対して、日本の算数・数学授業は体系的に展開し、授業内の様々な部位がどのようにつながるかを教師が意識的に関連付けていることが多いという。つまり、一つのまとまりとして体系的に運ぶようにあらかじめ計画されているのである（Stigler and Hiebert 1999, pp.55-72）。前節の授業研究は、こうした日本の体系的で〝考える〟授業を支えるものとして、受け入れられていったのである。

日本の教師は一般的に国際的にも熱心で優秀だとされ、授業の質も高い。それは、色々な国の教室を訪れていると実感として感じる。にかかわらず、日本の授業の国際的評価の高さには、いくつかの裏のからくりも関係しているようにも思う。

第一に、日本の授業の国際的評判を引っ張ってきたのは、アメリカを初めとする欧米の研究である。これらの国においては、塾産業は発達していないため、前述のように、小・中学校段階での家庭外での、フォーマルな意味での学習はほぼ学校で行われているという前提に立っている。従って、日本人生徒が国際学力テストでの算数・数学の点数が高いという時、彼らは、専ら学校の授業に注目する。しかし、日本の子どもの算数・数学の学力は必ずしも学校で完結しているわけではない。第一に直接的な塾等の民間教育産業の影響があり、特に私立の中学や高校の入試の中には、ほとんど学校の授業とは別世界で動いているかのようなものもある。例えば、小学校で基本原理（例 三角形の三つの角を足すと何度になるのか）から発見させようとする授業を行っている教室の中に、塾で先取りをして既に答えを知っていても「発見」する（ふり？）をしている子どもがいたり、公式だけ先に頭に入ってしまって、概念の意味がわかっていない子どもがいたり……と、日本の授業はそれだけで自己完結できない難しさを持っている。また、筆記試験による入試が存在することによって、たとえ塾に通っていない子どもであろうとも、ペーパーテストに対応するための勉強を求められている。TIMSSはもちろんのこと、新しい学力を測定しようとしたPISAでさえも、筆記試験である。海外では、学校外の受験的な学習部分があたかもないような自己完結的な枠組みで日本の授業が理解されがちであるのが第一のからくりである。

第二のからくりが、筆者が知る限り、考えさせるモデル授業として披露される日本の問題解決的な算数の授業例は、多くの場合は、教師も熱心で（熱心だからこそ観察対象となっている）、子どもが活発に意見を言うようなクラスだということだ。外国から日本の授業を観察しに来た人の多くが、こうした問題解決的な学習がうまく機能している教室、そして、しばしば、階層的にも比較的上層にある附属等の授業を見学しているのではないかと思われる。レッスン・スタディのモデルとして日本の実践例を紹介するのであれば、うまくいっている教室を選ぶのは自然なことである。しかし、現実の日本の授業はうまくいっている例もあれば、うまくいっていない例もあるわけで、海外に映し出されている日本の授業研究は、問題解決的な算数・数学の授業とその後の教師の協力体制がうまく機能している例に比重がかかっているのではないかと思われる。問題解決的な授業に関しては、家庭が経済的に恵まれた子どもに有利だという指摘がある。[5] つまり、問題解決的授業がうまくいっている例だけを選ぶことによって、日本の授業研究に関して海外に発信されるイメージにバイアスがかかっていることが予想される。また、日本の授業は教室内外の仕組みとの制度的矛盾によって、自己完結することができず、問題解決的なゆっくりとする授業を受けながら、学校の後に効率的に塾で計算練習し、バランスを取っているような子どもがいたり、外からは見えにくい裏の世界が存在していることも前に述べた。

第三のからくりは、算数・数学は数字を用いるために国境を越えて理解でき、しかも、グローバル競争を考える上で戦略的な教科のため、海外に紹介されている日本の授業はほとんどが算数・数学の授業であるということだ。国際的に紹介されるのが算数・数学ではなく、社会や国語の授業であったならば、どうかということである。プロジェクトをしたり、本格的な論文を書いたり、討論したり等が、少なくとも欧米学力上位校に比べると相対的に少ない日本のこれらの教科の授業は、欧米から見ると算数・数学での評価のように考える力を伸ばすという評価になるだろうか。伝統的な解読や基礎を教えるものだという評価になるのではないだろうか。国際的に伝えられているのが、日本の算数・数学の授業であるという事情も、日本の授業の国際的評価のあり方にかかわっていると思われる。

第四に、海外に伝わる授業研究では、指導案やその後の話し合いの仕方、子どもの見取り等は紹介されても、細かな評価の仕方はあまり知られていない。日本では、新しい学力を目指した改革は、関心・意欲に力点が置かれたのが特徴である。だが、こうした関心・意欲は子どもが教室に持ち込むそれまでの経験や動機付け、家庭の教育力、家庭の置かれた経済的状況、表現の仕方の個人差等によって差が出やすいものである。階層や民族の問題が目に見える形で存在する国では、文化集団ごとの学習スタイルの違いに配慮する必要性（例　特定文化集団の子どもは、言語的方法でない仕方で自己表現をする）、教師が評価するにあたって持ちがちなバイアス（例　教師が中産階級の子どもに有利なバイアスを無意識に持ちがちである）について機会均等の視点から争点となりやすい。一方、日本では、評価の根拠を保護者や子どもに示すことを求められない等、評価と差別との関係に対して多くの場合無頓着でいられる状況がある。おそらく、日本が進んでいる指導案作りや授業研究の仕組み作りに比べて、評価の領域は、国際的に見れば日本のナイーブさが露呈される領域であり、その部分は海外にはあまり伝わっていないというのが第四のからくりである。

日本版授業研究の国際的論議が取り上げていない部分、ここで言うところの〝からくり〟は、もしかすると日本の授業のモデル性が弱い部分だからこそ紹介されていないのかもしれない。学校の授業が自己完結できずに〝影の教育〟が栄える仕組み。日本国内の教育格差、評価と差別の問題。こうしたものはどれも、日本の教育にとっての課題である。

日本への示唆

レッスン・スタディの国際的な動きの中には、逆に日本にとって示唆を持つものもある。例えば、日本ではまだ、研究によって実践の効果を証明しようとする傾向が弱い。もっとも、「証明された」方法を求めるあまり、数値によって測りやすい実践だけが重視されたり、あまり意味もなくデータだけが蓄積していくこともありえる。こうした状況が露呈している国に比べると、日本の場合は、客観的な指標による評価をあまりしないため、数値に振り回されていないという面はある。とは言うものの、逆に言うと、特定の実践の効果を何かの根拠を示して推進しているわけでもないということになる。新しい学力が強調されるようになってから、「テストだけで評価しているのではない」と言う理由により、はっきり評価の根拠が保護者や子どもにわからない範囲がむしろ拡大しているようにさえ見える。こうしたことは、保護者にとっては恣意的に見え、不公平感・不信感を招きやすいものであり、結果的には新しい学力観や公教育への信頼を損なうように思える。

レッスン・スタディでも、それが海外で広まっていく中で、日本国内ではさほど問題にならなかった〝客観的〟指標によって効果が測られることが求められるようになっている。例えば、シンガポールの視察グループが日本の授業研究を見学していた時に、日本版をモデルとして採用する際の物足りなさとしてあげていたのが、効果を示した研究が少ないことであった。効果が〝証明〟できない改革は支持を取り付けるのが難しいということである。日本の授業研究に触発された香港版は日本よりも結果の測定に熱心である。根拠として示せるものは数値である必要はない。子ども達の作品等、理解の向上を示す足跡を体系的に示せるものは他にもある。根拠を示さず、行政や保護者が納得する時代は日本でもおそらく終わりつつある。

4　教育に貢献する文化が存在する

日本の教育で国際的に評価の高い四つ目の特徴が、教育を重視する文化があるということである。海外で日本や中国、台湾、韓国等の生徒が学力テストで高得点を収めると決まって出てくるのが、これらの国は教育を重視し、家族ぐるみで応援する、勤勉な文化を持つからだという文化論である。他国に移民として渡った時には、今度はこうした文化がアジア系移民の特徴だとされている。アメリカでは、アジア系のイメージは、親がたとえ社会底辺にあろうとも、がむしゃらに働いて子どもだけは大学を出し、子どもは家族のためにと努力する教育熱心な人々である。アジア系の勤勉な学習態度が研究者によって繰り返し指摘されてきた（Shimahara 1986; Rohlen 1997）。こうした点は、第Ⅲ部の価値の教育のところで扱うため、ここでは別の角度からこの問題に触れておくに留める。文化の違いを軽視することはもちろんできない。しかし、筆者は敢えてここで過度に文化論に走ることに警鐘を鳴らしたい。

例えば、前に例としてあげた研究授業だが、日本の研究授業とその後の研究会の様子を見たアメリカの教師は決まって、率直な意見を同僚が言い合っていることに驚き、日本は協同的（集団主義的）な文化があるために、同僚に率直に問題点を指摘できると主張する。アメリカの教師は、自分の授業を批判されたならば、防衛的になってしまう、なぜなら、アメリカには競争的な文化があるからだということになる。

しかし、〝文化〟の怖さは、その言葉を唱えることによって一見全てがわかってしまうように感じることであろう。確かにアメリカの教師は競争的で個人主義的な傾向があるのかもしれないが、逆に、大学を取ってみれば、同僚に論文を渡せば、（多くの場合は建設的な）率直なコメントが返ってくるのはアメリカの方である。講義も、大学レベルでは、詳細なシラバスが用意されることが求められ、シラバスに従って、体系的に物語を展開するように流れるのはむしろアメリカの講義であることは前に述べた。授業・講義の体系性という意味では、初等中等教育と高等教育を比べれば、日米は逆転するのである。

こうした日米の違いは、価値観の違いが関係している面もあるが、それは、協同的関係の仕組みが、どのレベルでどのように制度化されているのかを媒介としている。価値は仕組みと切り離されて存在しているわけではない。仕組みと、それを支える論理を定着させることができれば、それに方向付けられる行動もまた変わってくる。

以上、四つの領域に分けて日本が国際的に評価されてきた特徴を見てきた。次に、国際的には評価されながら、日本では逆方向に向かいつつある象徴的な例として習熟度別指導を取り上げ、日本型教育システムの可能性を再検討していく。

注

（1）ＰＩＳＡ二〇〇六年の結果より（〈http://www.mext.bo.jp/a_menu/shotou/gakuryoku/siryo/05020801/024.htm/〉、二〇〇七年十一月入手、〈http://www.pisa.oecd.org〉二〇〇七年十二月入手）。

（2）C.ルイス、個人的通信、二〇〇六年、四月六日による情報。

（3）こうした実践運動は今日の情報社会にあっては、インターネットを駆使し、元コロンビア大学グループのサイトは現在は移動して〈http://lessonstudy.org/index.html〉であり、キャサリン・ルイスらのは〈http://www.lessonresearch.net〉であり、この他にも指導ビデオ、ワークショップ等の教師支援を行っている。

（4）センター長、Lo Mun Lingとのメールのやりとり、二〇〇六年、七月二十七日。

（5）苅谷 2000他、一連の主張、他関連論争を参照（Tsuneyoshi, 2004）。

第三章　〝改革〟によって崩される日本の強さ(1)

1　平等主義日本？

これまでは国際的に日本の教育の強さだと評価されながら、国内ではあまり意識されていない、よってもっと意図的に生かすことが可能ではないかと思われる例をあげてきた。その中核が、教育の射程を広くとり、対人関係によって支えようとする仕組み、協同して教師が授業を改善する相互学習の仕組みが、共同性から共生性へと開かれていくことによって持つ可能性であった。

だが、日本の既存の特徴の中には、国際的に非常に高く評価されているものの、日本国内では積極的に変えようとしているものもある。ここではその代表的なもの、小学校における習熟度別指導の導入に触れる。

〝平等主義〟の日本では、小学校レベルでの能力別指導、習熟度別指導は存在しない、これは海外の日本研究者の間で日本の教育の長所として、定説となっていた（Rohlen 1997, p.235 ; Stevenson and Stigler 1992, chapter 7 ; LeTendre et al. 2003, p.50）。どの子どもも持っている能力はそれほど違わないという能力平等観、生まれ付きの能力よりも努力を重視する努力主義等が関係すると言われ、全ての子どもに同じように高水準の教育を与えるという理念は、欧米が目指すべき方向と一致するとされてきたのである。

以下の引用は、日本の初等教育に能力別、習熟度別なグループ分けがないことを高く評価している一例である。異なる学力の子どもを一緒に教えることを異質（ヘテロジニアス）なグループ分け（heterogeneous grouping）、学力レベル等でくぎって、同じ集団内では同じような学力レベルの子どもが集まるようにするのを同質的（ホモジニアス）なグループ分け（homogeneous grouping）と呼ぶが、前者はどの子どもにもチャンスを与える民主性と、後者は、機会の不平等と結び付けられて欧米では議論されている。

集団への同調に価値を置く日本は、同年齢コーホートにおいては同じ扱いをし、異質な学力によるグルーピング（heterogeneous grouping）をしている数少ない社会の一つである。日本の保護者と教師は、どの子どもも学校で学業を達成（achieve）することを期待する。そして、他の子どもよりも努力しなくてはいけない子どもがいるにせよ、全ての子どもにそれができると信じている。（一方）平等をより実現しようと努力しているにもかかわらず、アメリカの教育における前提は、失敗する（fail）子どももいるというものである（Ballantine 1989, p. 79）。

無論、これは現実にはもはや真実ではない。文部科学省の公立小・中学校教育課程編成・実施状況調査（平成十五年）によると、七四・二％の中学校と六六・九％の小学校が「理解や習熟の程度に応じた指導を実施」している。社団法人日本PTA全国協議会の調査でも、保護者が学力向上に向けての取り組みとして希望しているものの中で、子どもの習熟度に応じた指導が一番多く、六〇％を超えている(2)。

もっとも、今、日本の小学校において習熟度別指導だと呼んでいるものは、過去においてアメリカやシンガポールその他、積極的に能力別の指導を導入してきた国のそれから見るととても緩やかなものではある。これらの国においては、グループによって使う教材や指導内容が異なり、能力・学力別のコースが固定的になっていく傾向が強く見られる。日本の小学校の場合は、習熟度別グループによってカリキュラムを変えるものではなく、恒常的に特定の習熟度別コースにいるわけではなく、本人の希望も取り入れたりしながら分けている。従来からの、ボトムアップ的な志向が強く残っているのである。

指導グループごとにカリキュラムを変えた場合（例　上位のグループには先の学年の内容を先取りさせる）には学力効果が（上位グループに）出るが、同じ内容を使った場合には、学力別グループで行っても、その子どもが学力別でないクラスにいた時に比べて有意な差が出ないというレビューもある（Loveless 1998）。この意味で言うと、日本の小学校の習熟度別はある意味では不徹底であるがゆえにこうしたグループ別にした時の〝利点〟（上位の子どもにとって）も徹底しないものの、弊害（下位の子どもにとって不利）も強くは出ていないのかもしれない。

つまり、一方では、進学塾のような徹底した学力別グループは設置されていない。よって、塾で先取りしているような子どもにとっては、やはり習熟度別の上位クラスでも遅く、また、下位クラスとそれほど学習内容に差があるわけでもない。下位クラスの教材が上位クラスと比べて簡単な内容になってそれが固定される、教師の力量が下位クラスと上位クラスで格差（前者が低い）がある等の能力別指導「先進国」で指摘されてきたような傾向が薄いため、弊害もまた顕著に出てこない。逆に、一番下位クラスには担任を充てる等、日本の場合には逆にボトムアップ的な発想が今のところ強い。

もっとも、筆者が折に触れ、小学校の算数習熟度別指導のクラスを見て回った印象では、ボトムアップをかなり徹底しない場合には、欧米で言われてきたような弊害が表れてくる。例えば、下位クラスを担任が持たず、クラスの子どもの様子がわからない時間講師に依頼し、そのクラスに、生活指導が難しく、学業不振でもある子どもが集中し、講師が授業妨害行動をうまく制御できないような場合である。こうした場合には、上位クラスに比べて騒がしく、学習環境自体が劣るような例がよく見られた。一方、上位グループは塾に行っている子どもが多く、それに合わせようとすると、下位グループとかなり違ったことを結果的にやることになったりする。そして、欧米ではまさに、こうした格差拡大の視点から、能力別指導、学力や能力によるグループ分けは批判をされてきたのである。

だが、実は、この話題がいかに欧米において熾烈な論争があり、弊害が指摘されているのか、日本の小学校、そして、ある程度までは中学校の平等主義（日本国内では画一性としてしばしば批判された）がその中にあって、いかに賞賛されてきたのかはあまり日本国内では知られていない。ごく例外を除き（佐藤 2004）ほとんど研究上の論争にもならないうちに「個」に対応するというレトリックのもと、導入が急がれている。

2　海外のトラッキング論争から学ぶ

トラッキングの登場——異質性への対応と社会的公正

能力・学力による分類、トラッキング、がどのような場合に必要だとされるのかを考える前に、そもそも、能力別指導・トラッキング（tracking）とは何なのかに触れておく。実は、これらの定義は必ずしも一定していない。ここでは、能力・学力を基準に指導対象をグループに分けることだと理解しておく（Hallinan 1994）。第一に、同じ学年レベルの生徒が能力・学力別クラスに分けられるようなコース的なグループ分けであり、これは、アメリカの中等教育段階で典型的なトラッキング（tracking）と呼ばれる方法である。第二が、小学校に多い、クラスで算数等でグループ分けされるような能力別指導（ability grouping）の場合である（Hallinan 1992）。両者は相互互換的に使われる場合もある。

また、グループ分けをするとしても、その形態は一様ではない。例えば、日本、ドイツ、アメリカを比較した論文で、日本の「トラッキング（・能力別指導）」に含まれるものとして、学校内格差よりも、入学試験を媒介した、高校間の格差からくる実質的なトラッキングがあげられている（LeTendre et al. 2003, p.51）。これは、PISA二〇〇六でも示されているが、学校内格差と学校間格差のどちらによって生徒の学力差を説明できるかの関係に国によって違いがあるが、日本はドイツと共に、他国に比べると学校間格差によって得点が説明付く国なのである。一方、学校内格差が大きいタイプの国としては、アメリカがあげられる。アメリカの総合制高校は多様な背景からの生徒を受け入れてきた反面、職業、大学進学のための別々のトラック、あるいは、授業の難易度によって分けた基礎コース、通常コース、オナーズ・コース等（Oakes 1987, p. 131）、能力別グループ分けを盛んに行ってきた。あるいは、特に初等教育段階において採用されやすい方法として、特定クラスや学年内においてのグループ別指導（能力別の国語や算数の指導、才能教育のプログラム、特殊教育プログラムの一部も含まれる）もあげられる。日本の小学校の習熟度別指導はこのカテゴリーに入る。日本では、高校間格差による実質的なトラッキングのみならず、同じ高校の中での志望学部等（例　理系コース、難関国立大学コース）によるコース分けもあり、こちらは前記アメリカの高校のトラッキングと類似した機能を果たしていると言えよう。

では、こうした能力別指導・トラッキングが必要となる状況とは何なのか。能力別指導・トラッキングの論争をリードするアメリカの例が示唆することは、それが指導対象の多様性と社会的公正の問題と結びついているということであろう。アメリカでは、能力別指導・トラッキングの発達の背後には、就学人口の多様化、特に従来の就学人口とは異質な移民の流入があった（Oakes 1985；Fass 1989)。中等教育の就学人口が同質的であった十九世紀半ばまでは、アメリカにおいてもグループ分けの必要性が叫ばれなかった。しかし、十九世紀末から二十世紀にかけて、アメリカの学校（特に都市部）は、それまでアメリカの主流を占めていた英国系に近い移民とは目立って異質な南や東ヨーロッパからの移民が大量に流入してくる。彼らは従来のマジョリティからすると見た目も異なり、宗教も習慣も異質であり、貧困層として社会底辺に位置付けられていった。こうした移民の増加に伴う就学人口の多様化（と社会問題化）が、それ以前の、全ての子どもへの共通した「平等な」カリキュラムによってアメリカ市民を築いていくという理想から、トラッキングと能力別指導によって、「多様な」生徒にそれぞれに「合った」教育を与えるという論理への転換の原動力になっていったという。それはしかしながら、実質的には新しい移民を進学ではなく、職業教育コースへと方向づけていくことを意味していた。

この時期はまた、才能教育（ギフテッド教育）の選抜でも活用されてきた、ＩＱテストが「科学的」に生徒を振り分けるツールとして普及していった時期でもある。教育関係者達は、ＩＱテストの登場によって、「科学的」に異なるレベルへと生徒を振り分けられる道具を得たように見えたのである。問題は、こうしたグループ分けとその受け皿として用意された差異の制度化（トラッキング）は、単なる横方向の分化ではなく、縦の序列化を伴うことであった。つまり、社会の階層差、社会の縦の序列を映し出していたのである。

今日でも、アメリカの統計を見ると、アジア系を除くマイノリティ（と下層階級の白人）が下位クラスに集中している。グループ分けの基準がテスト結果であろうと、教師やカウンセラーの推薦等との組み合わせであろうと、上位の能力別指導クラスや才能教育（ギフテッド）の対象者には白人中産階級（とアジア系）が高確率で入り、下位の能力別指導クラスや学習障害児童生徒対象クラスにはマイノリティの下層階級が入るという事実は、繰り返し指摘されてきた（Oakes 1987；Hallinan 1994）。アメリカの場合は階層が人種と結びつき、視覚的に肌の色ですぐわかるため、能力別指導・トラッキングが決して個性に応じるというきれいごとでは済まされないことが問題になりやすいのである。例えば、人種が混じっている小学校で才能教育のクラス、普通クラスの上、中、下位グループ、学習障害児のクラスと順に回れば、前者から後者に行くに従って、アフリカ系アメリカ人の比率がどんどん高くなっていくことが、教室を覗いただけでわかる。

こうして、肌の色で視覚的に階層が深くグループ分けに関係していることを実感させられるアメリカに比べ、日本においては、階層差が比較的意識されにくい社会である。階層格差は日常的に微妙な形では経験的事実として表出してきたとしても、アメリカにおける肌の色のような誰にでも

（子どもにも親にも）一目で明らかな形では表れにくく、習熟度と差別の問題が争点化されにくい。しかし、度合いの差はあるにせよ、こうした「能力」「学力」による分類が階層と結びつき、階層下位層が学業不振層になりやすいメカニズムが日本に存在しないのではなく（LeTendre 2003）、存在するが、見えにくいだけだと考えた方が自然である。つまり、これは日本の見かけ上の同質性、そして、それ以上に同質的前提の上に立ってきた教育の盲点なのである。

能力別指導・トラッキングの功罪

アメリカではトラッキングは教育の機会均等をめぐって、最も激しく、最も感情的な論争（Hallinan 1994；Loveless 1999）が繰り広げられてきた問題の一つである。その大きな争点は、トラッキングや能力別指導が示す縦の差異化が「全ての子どもが学ぶ可能性がある」民主主義的教育の理想を損なうものであるとされる点にある。

能力別指導・トラッキングは、欧米では何十年と論争になってきたものの、複雑な要因が絡まるため、結果は必ずしも一定していない。その中で、かなりの研究によって示されているのが、学力上位層と下位層の学力格差が広がるというものであろう。特に、中等教育のトラッキングの場合は、以下のように痛烈な批判を受けている。海外の研究を見る限り、こうした能力別・学力別のグループ分けは、弊害の大きさに比して効果は日本で考えられているようなものではない。

能力別指導・トラッキングの論争がにわかに問題になり始めたのは八〇年代、オークス（Oakes

1985）や、グループを使った協同学習を提唱するスレーヴン（Slavin 1987；1990）等が精力的に実態の調査や既存研究のレビューを通して能力別指導・トラッキングの不公平性を示し、ＩＱテストも中産階級に有利なものであり、決して中立な性格ではない（Bowles and Gintis 1976）ことが知られていったからであろう。特にスレーヴンの既存研究の再分析は、トラッキングがほとんど効果がないことを主張したものとして知られている。アメリカでは主要な子ども関係の団体も次々と能力別指導・トラッキングに対して慎重、ないし、反対の表明をしていった。一方、最も鮮明にトラッキング擁護を行っているのが、才能教育（gifted and talented education）の推進者達である（Colangelo and Davis 2003）。学力レベルが色々混在する教室では、才能のある子どもの学力が頭打ちになると言う理由による。例えば、代表的擁護者の一人の論理である。

> ……脱トラッキングの名の下で、学校が彼らの最も賢い（brightest）学習者のための発展的で先取りをしたクラスを廃止するならば、真に甚大な被害があるであろう。普通の（common）ペースでこれらの子ども達が進むことを求められれば、これらの生徒の学業達成度は目に見えて落ちるであろう。誰も、こうしてもたらされた害を修復する術があるかどうかわからない（Kulik 1992, p.44）。

こうした立場からは、特別才能のある子どものニーズは一般の子どもと異なるとされ、より発展的な内容、先の学年の内容等が与えられるべきだとして、彼らの特別なニーズに合った教育がされるべきだと言われる。常識で考えても、発展的で先取りをしていくグループと、そうでないグループとを比べれば、前者の方がテストで有利であろう。もともと、それまでの学力等から判断して上位層を集めて先取りさせたり、他の子どもに与えない発展的内容を与えれば、なおさらである。

常識的な理解を反映するように、才能教育の対象となっている子どもはもとより、最も学力上位層に関しては、能力別指導・トラッキングによって学力が向上するという研究がかなりある（有意なトラッキング効果が上位層でも見られないという研究もある）。例えば、上位グループは同じように意欲のある子どもが集まりやすいのでプラスの仲間集団の影響もあるとも言われる。一方、問題は学力底辺層であり、こちらに関しては、能力別指導・トラッキングによって、学力レベルが混じった集団で学習するよりも学力が下がるとする研究が多い。つまり、トラッキングによって上位層は上がるかもしれないが、下位層は学力混在の集団にいるよりも下がるというのが、かなり見られる研究結果である（Sund 2006；Brewer et al. 1995；Gamoran et al. 1995；Gamoran and Mare 1989）。

そして、こうした格差の拡大は、能力別・学力別に子どもが分けられるプロセスと、分けられた後のプロセスの両者に関係しているとされる。

まず、グループやコースにいかに振り分けられていくかの問題がある。この過程にあって、振り分ける側は必ずしもテストのみで判断しているわけではなく、教師の印象やその子の属性、家庭の考え方等を排除できず、学力レベルの影響をコントロールした場合においても、階層、性別、人種、民族の影響は減少するものの、消滅はしないと言われる（Hallinan 1994；Resh 1998）。性別によってある能力別指導グループに入りやすくなっていたり（例　高学力男子の方が女子よりも算数・数学上位コースに入っている）（Hallinan and Sorensen 1987）、高学歴な親の意向によってその子どもが低学歴の親の児童生徒よりも上位コースに入りやすい等の研究が出ている（Useem 1992）。グループ分けの時点で既に不平等化のプロセスが始まっているということになる。

第二には、能力別指導グループの違いによって、子どもが受ける指導の質や指導内容が異なることが問題となっている。例えば、教師が下位グループに対して、自分が意識するかは別として期待値を下げてしまう、進度を遅め（場合によっては相手に合わせようとして）内容を薄めてしまう（Wheelock 1992）等である。その結果、〝期待通り〟の低い結果が出てくるという「自己成就」の悪循環にはまりやすいとされる。この視点からすると、学力混在クラスは、期待値がもっと上に設定され、学力下位層をどうにかしてそこに持っていこうとする方に力点がかかりやすい。できる子どもが発言して誘引力となってクラスの授業が進んだり、彼らが他の仲間を教えることによって自分もより学習内容が定着すると共に、できる子どもがクラスの資源となっていく可能性もある。そして皮肉にも、これが従来の日本の小学校教育の特徴だと国際的にはされていたのである。

カリキュラムの内容自体が上位クラスと下位クラスで差がある場合には、下位からの挽回が非常に難しくなることが予想される。問題解決的思考、体験や発展的学習を強調する度合いがより多く、ペースが速い上位クラスに対して下位クラスは教科書を読んだりワークシートをしたり、暗記本位になりがちであるために、上位グループとの差が固定化されていくとする研究も出ている（Gamoran 1995；Hallinan 1994）。下位グループは生活指導時間が多くなり、指導に費やす時間が少なくなる等の学習条件の違い、ベテラン教師が来にくい、上位クラスの子どもの方が、保護者が学習を支援し（日本で言えば塾の存在もここに入れられよう）、学校外も含めた人的サポートがあると言われる（Lareau 2000）。下位グループに付与されたスティグマについても問題になってきた。他方では、逆に学力が異なる集団ではできる子どもに囲まれて〝できない〟子どもが抱く劣等感についても問題になることもある。

こうした中、トラッキング・能力別指導から離脱する、脱トラッキング（detracking）を目指す動きが各国で見られる。そして、脱トラッキングした時に、解決策として活用されることが多いのが、異質な子どもが協同して学習する協同学習（cooperative learning）等の方法である。そして、これもまた、実は日本が従来は小集団を使って行おうとしてきたと言われてきたものである。

3　均質的高学力の再生

このように書いてきたが、現時点では、日本の共同体的な学校文化は、おそらく小学校段階では、習熟度別指導の弊害を緩和する働きをしている。

アメリカのトラッキング研究においても、共同体意識と伝統色（規律が厳しい、努力主義等）が強いカトリック学校を公立学校と比べると、前者はメンバーの間で共同体意識が高いために、進学希望でない生徒にもアカデミック（職業的でなく）な勉強をさせようとする傾向があるとされている。底上げ的な文化の中で下位グループに付与されるスティグマが競争的な公立学校ほど強くないため、学力別グループ間の格差が公立学校に比べて少なく、また、全体的に底上げ的に学力が付いているとする研究が出ている（Gamoran 1992；Coleman and Hoffer 1987）。

このような共同体的・アカデミック志向のカトリック校的性格は日本の学校の特徴だと言われてきたものと非常に似ているため、日本の場合、小学校段階で現時点では、〝おそらく〟こうした傾向が習熟度別指導の持ちうる弊害の緩和剤的働きをしていると思われる。単元等でくぎって、恒常的なグループ分けをしない、グループによって大きく内容が変わらないことも緩和剤になろう。さらには、日本の場合はまだ習熟度別指導導入初期であり、平等志向が強く、底上げ思想が強く、下位クラスにレッテルを貼らないことに敏感であり、また、カリキュラムがこの段階で分化しているわけではないため、共通した教科の勉強を目指している。中学受験塾のように学力別クラスが将来の受験校とリンクされて子どもも意識させられる状況と異なり、日本の小学校は共同的な規範が強く、競争的でない。教師も、グループ間で格差意識を持ってしまうことを避ける工夫をしがちである（例 格差を強調しないグループ名や、グループが上下ではなく、それぞれに合ったものを選ぶものであることを力説する）。こうしたことにより、おそらく、習熟度別指導を徹底して行った場合の学力上位層へのメリットも少ないが、同時に、弊害は少ない。

しかし、ここで〝おそらく〟と敢えて言うのは、実際の効果を客観的に検証した研究が日本の場合は蓄積がほとんどないからである。そして、こうした日本の共同体的性格が、本当に仮に緩和剤となっていたとしても、それが将来どうなるかはわからない。競争的な格差のある社会の中にあって、能力別指導・トラッキングは、基本的に階層化を学校の中に持ち込むからである。例えば、本当に上位クラスのニーズに合わせようとするならば、小学校でも進学塾に通って先取りしている子どもが多いような学校では、その子ども達に与えるものは、かなり他のグループと異なる内容にならざるをえないのではないか。逆に、徹底しないグループ分けは、さほど学力混在クラスに比べて上位層にとってさえ、メリットのあるものでないことを海外の研究は少なくとも示唆しているように見える。

では、ボトムアップ的発想で、学力別に対応することはありうるのか。以下に紹介するようなアメリカの学力向上プログラムから示唆を得ると、高めのレベルでの共通した協同的な学習を提供した上に、個別指導を組み合わせるのが一つの可能性ではあろう。ここで仮に、予算、人員的に制限がないような架空の条件を考えると、一斉指導とは別に遅れている子どもに個別化した指導を厚くベテラン教師が与えられるようにするような例である。だが、実際はこうしたベテラン教師による個人塾状態はありえない。そこで、個別でなく、少人数、多くの場合は一斉指導、非常勤……と、現実的な選択肢の中では効果はどうなのかを問うことになろう。同様のことは、発展的な学習支援によって伸びるであろう児童生徒についても言える。作文指導等は一斉だけでなく、個別に見てもらうことで自分のスタイルを伸ばしていける。だが、到達度にかかわらず、個々を添削し、対面して個別指導をすることは一人の教師では無理である。ここでもまた、限られた時間や人員の中で、何がなしうるのかを問うことになろう。いずれにせよ、データに基づく議論が深まらないまま現実の実施だけが先行する日本の今の状況は多くの課題を示している。

話を先発例であるアメリカにもどそう。トラッキング批判者によると、その弊害が指摘されてきたにもかかわらず、トラッキングがこれほど長期間続いてきた背景には、異質な児童生徒に対応しきれない指導の問題があるという。

（異質な子どもを教えるのは）洗練された診断能力、広範囲の指導方法のレパートリー、そして、指導法を、様々な（生徒の）学習スタイルやそれまで（生徒が）得た知識に適合させる能力とを必要とする。それは、探求的、あるいは、協同的な学習方法を活用する力量を前提とし、また、同質的な教室以上に学級経営の力量が求められる。（教師が）効果的に異質性の高い教室に対応できないため、トラッキングは存続し続けているのである（Darling-Hammond 1995, 括弧内筆者）。

全ての児童生徒にいかに平等な教育を保障するのか、困難な家庭条件、教育条件を持つ子どもの教育機会を奪わない教育とは、その問いが、トラッキング、能力別指導論争の核心にあると言えよう。

能力別指導・トラッキングの不平等性が意識される中、アメリカでは、格差縮小を謳う改革プログラムが多く出されている。それらを見ていると、学力中以下の生徒に対しても、発展的な学習内容を保障しようとするものが目に付く。例えば、脱トラッキングで知られるスレーヴンらの「全ての子どもに成功を」のモデル（Success for All）（http://www.successforall.net）、どの子どもにも「最も高い水準を設定し、学業と社会的なサポートを与えれば、子ども達は立派にそれをやり遂げる」ことを提唱しているＡＶＩＤ（Advancement Via Individual Determination, http://www.avidonline.org）、公民権運動家であると共に数学者である創設者の理念を受け継ぎ、アフリカ系アメリカ人やマイノリティに対して、問題解決的な、高水準の数学を与えようとする「代数プロジェクト」（The Algebra Project, http://www.algebra.org）。あるいは、「家庭背景とは関係なくどの子どもも高い達成度に到達する学校を想像してください、どの子どもをも才能児のような扱いをし、発展的ストラテジー、自学、問題解決、理科、作文、音楽、芸術、とその子どもの長所をより強くしていく学校を想像してください、学校共同体の人々が、理想の学校ヴィジョンを描き、それの実現に向けて……コラボレーションする学校を想像してください」とする「加速化した学校」（Accelerated Schools）（http://www.acceleratedschools.net）等である。

ここでイメージされているのは、全ての子どもにできるだけ上位トラックに求めるような発展性のある内容を与える教育である。実際、脱トラッキングはしばしば、この底上げの発想で行われてきた（Burris et al. 2008）。また、これらのモデルの中で共同体的な志向を持つものは、教師が共通のヴィジョンを持ち、その目的に向かって協力体制が築かれるような関係作りを目指してきた。子どもに関しては、間違った答えを言っても馬鹿にされない、周囲の子どもよりもできなくても劣等感を持たないで済む、できる子どもが他を助け、総体として底上げしていく共生的・協力的な対人関係がしばしばイメージされている。そして、皮肉にも、才能教育を行わず、能力別指導も行わず、学力が遅れている子どもに焦点があり、協調的な学級文化を持つとされてきた日本の小学校は、こうした志向を持つとしばしば国際的には思われてきたことは前に述べた。

ＯＥＣＤのＰＩＳＡ国際学力テストで高得点を上げ、新たな世界的モデルとして登場したフィンランドでは、教育への機会均等の実現に向けて、総合学校（義務教育）での能力別指導を廃止している。それは、教師にとっては大変であるものの、学力下位の学生にとってよい結果が出ているとする研究もある（Valijarvi 2006）。より平等な教育を求めてスウェーデンでも（Sund 2006）脱トラッキングが行われてきた。そして、そこで理想とされているのは、グループ分けせずに様々な学力の子どもが混在する授業であり、どの子どもにも高い内容、発展的内容を要求していくような指導である。

日本では、こうした欧米の国々において弊害が指摘され、それらの国が乗り越えようとしている能力等によって子どもを分けていく方法を、データに基づく議論をほとんど踏まえずに、世界が目指している方向とは異なる路線を歩みつつある。そして、それは、世界的にも評価されてきた平等志向の仕組みを崩しながらのことである。日本の平等主義的な授業が、学力の二極分化が叫ばれる中で、国際的に評価されてきたほどに小学校段階でもたやすく行われていたわけではないことは、日本の教育者はよくわかっている。しかし、児童生徒の多様化が進んだ時、それに対応するのが、学力別に同質的集団に分けたグループなのか、あるいは、他の方法の方が効果的なのかが、海外の先発例の検討も、実態としての日本のデータもほとんど蓄積がなく、進められているように見えることには疑問を感じる。

4　総合力としての学力

以上、第I部では、第一の危機、つまり、近頃マスコミを賑わせてきた「学力の危機」に関連して、国際的に評価されてきた日本の教育の特徴について考えてきた。最初、国際的に評価されてきた、日本人生徒の学力、授業を改善していく教師の協同的な仕組みに触れた。そして、学校がもはや知性という狭い専門領域を守っているだけではなく、広く人格教育を求められている中で、カリキュラムの中に社会性・集団性・共同性の育成を組み込んできた日本型教育システム、及び、教育を重視する文化について検討してきた。そして最後に、国際的には評価されながら、日本ではほとんどデータに基づく議論がないまま従来の「日本的特徴」から離れていく例として、小学校での習熟度別指導をあげた。これらはどれも、共同性、全人教育的射程という、日本の教育の対人関係を基盤とした仕組みにかかわるものである。

筆者は、国際比較研究をしている関係で、教育現場においては国際理解教育の実践と関係することがあることは述べた。国際理解教育では、あるべき社会の平和的共生のヴィジョンと、実際には葛藤と暴力が絶えない現実との間の架け橋を築こうとしていることを実感することが多い。理想論に走れば、子ども達が生きている現実と離れてしまい、保護者にも見放される。逆に現実だけによりそえば、国際理解教育の目的は矮小化される。そのジレンマの均衡を模索するところに国際理解のための教育は成立する。そして教育自身、こうした理想と現実のジレンマの中の均衡を求められている。

ここ十数年の日本の教育改革を見ていると、理想論に傾いたり、学力至上的な現実追随路線に傾いたりしている。ゆとり教育批判が一定層の保護者に共感を呼ぶのも、階層云々等という難しい話ではなく、マスコミがセンセーショナルに取り上げるという以外に、学習内容が減れば学力が下がるのは当然、教科書は薄くなるが入試の内容は大して変わらないなら学校に頼れない、新しい学力というが何を評価されているのかわからない等の、〝常識〟レベルで納得できることが多かったからではないだろうか。

そして、英米が学力向上に向けてギアアップしている頃、日本はゆとり教育を唱えていたかと思うと、今度は現実路線へと転換し、狭義の学力向上へとギアチェンジしている。その道具として台頭しているのが学力テストや外部評価、学校選択というようなテスト――評価――競争のサイクルである。

テスト的な学力によってその子どもの選択肢が変わってくるという意味でも、個人の様々な可能性の一つを開花させていくという意味でも、狭義の〝勉強〟は大切であり、学校が主たる責任を負っている領域である。だが、テストが測るのはその子どもの能力のごく一部に過ぎず、〝勉強〟という意味での学力よりも本質的であり、土台となるものが人格の形成である。その主たる担い手が家庭であるにせよ、集団の中の人間形成部分はとりわけ、学校に期待すべきものも大きい。人格形成は狭義の学力よりも基礎的なものである。極端な例を通して、問題の本質が見えやすいことがある。そのため、好んでアメリカのスラムの小学校を訪問してきた。そこには、勉強に手がつかない、授業に集中できない、学校でも暴力を振るう子ども達が沢山いる。しかし、彼らを取り巻く社会状況を見ると、暴力に囲まれ、自分や家族の安全に不安を抱き、しばしば自分のことを誰かが気にかけているのだという実感がない。基本的な安心感や感情の安定がなければ、六×六が三六になることなど、どうでもいいことなのである。考えてみれば当たり前のことである。掛け算等知らなくても生きていける。

教育によって直接社会を変えることはできない。それは、社会改革によって成し遂げられるものである。しかし、学校は、安心して勉強できる場に、出会いの場になろうとすることはできる。全体としては豊かな社会となりながら、バランスに欠ける時代だからこそ、学力の土台には人格の形成があり、それを総体として教育の対象にしようとした日本型教育の枠組みは、その限りにおいては間違っていないことを、本章のような日本の教育に対する国際的評価は間接的に教えてくれるように見える。

注

（1）恒吉僚子『教育における平等と日本版能力別指導・トラッキングの国際比較研究』基盤研究C（平成十九〜平成二十年度）による。

（2）中央教育審議会十月七日「初等中東教育における当面の教育課程及び指導の充実・改善方策について」（答申）による。

第Ⅱ部　社会性の「危機」

第四章　世界の中の日本人の社会性

問題の所在

1　西欧の後追いをしてきた日本

近年、子ども達に相手を思いやったり、共感したりする、人間としての基本的な能力が弱まっているのではないかと危惧する声が、センセーショナルな事件が報道される度にあげられている。友達とけんかをしてカッターナイフで刺してしまった児童、親に毒を飲ませたとされる少女、幼児を誘拐した少年、この種の犯罪は、広く現代日本の子どものモラルの危機、社会性の危機を連想させるものである。

しかし、この社会性の危機は日本だけで問題になっているのではなく、より早く、より深刻な形で西欧先進諸国では取り上げられてきた。従来の能力を測るものとして知能指数（ＩＱ）があるが、それに対抗して、ゴールマンは彼のベストセラーで、人々の感情が無統制に荒れている今日では、感情指数（EQ, Emotional Quotient）にこそ注目すべきだと主張した（Goleman 1997）。このような提案が共感を呼ぶ社会的状況が、対人関係が希薄化した、日本や西欧先進国のような都市化した社会には存在するのである。

こうして、日本でも、狭い意味での「学力」よりも、むしろ対人関係能力の方が根源的な能力であり、それが今の日本で危機的状況にあるのだと、ＥＱの議論を思わせる主張をする研究者もいる。例えば、門脇は「人が人とつながって、社会をつくっていく力」（門脇 2005, p.6）を「社会力」と呼び、今ある社会に適応する能力を社会性（門脇 2005, p.24）として、区別して前者の必要性を説いている（門脇 2005；2006）。家族規模が縮小し、地域等も変貌する中で、直接顔と顔をつき合わせた形での対人関係能力を育成する場が少なくなっている。「高度成長期以降に生まれた若い世代には、他者への関心や愛着や信頼感がなく、それゆえに他者のことがわから」ないとして（門脇 2006, p.48）、門脇は「他者の喪失」や「社会力の衰弱」を唱えている。

多くの現象で、欧米の後追いをしてきた日本。かつて筆者がアメリカに留学していた大学院生のころ、当時の社会学部長と冗談半分でたわいもない「かけ」をしたことがある。学部長によると、日本は社会学と文化人類学の「戦い」を考えるにあたって好都合の実験場であり、今のところ文化人類学が勝っている。日本は先進資本主義社会として、その社会構造的条件（社会学の強調する要因）はアメリカを初めとする西欧諸国によく似ている。少なくとも後追いしている面が多い。核家族化、都市化、情報社会化等はそのよい例である。だが、日本は文化的に他の西欧先進諸国と異なっていて、日本が他と異なるパターンを示すと、決まって「文化」の違いによって説明される。学部長いわく、「僕は社会学が勝つという方にかける」（つまり、社会構造的要因が勝って日本は他の先進国と同じになる）、「あなたは地域研究をしているのだから、文化人類学の方にかけなさい」（つまり、文化の違いが社会構造的要因に勝つ）。

社会学と文化人類学の立場を社会構造と文化に還元して、地域研究なのだから文化決定論の方にたてというのはもちろんあまりにも強引な議論であるが、冗談交じりの会話だということでそこは見過ごしてもらいたい。むしろ本書のつながりで言うと、議論のその後の方が重要である。

社会構造の変化は、勝手に起きるだけではなくて、人間の手を媒介としている。例えば、制度の意図的な改革は人が社会に働きかけながら成し遂げるものである。そうして出来上がった制度によって人間の行為はまた逆に方向付けられる。慣習や伝統でさえも、不変のものではなく、作り変えられたり、生み出されるものである。こうしたものも含めて「文化」と呼んでいるのであれば、ということで、「かけ」に応じたのがもう二十年前。さて、どちらが「かけ」に勝ったのか？

日本の社会構造は先進国のそれを速いペースで後追いしただけでなく、政策も改革も、英米を中心とする西欧の制度をモデルとし、また、問題の起きた時の処方箋もまたそうした西欧先進国を参考にしてきた。明治以後、西欧先進国は日本にとってモデルであり、特に戦後はアメリカがそうであった。しかし、今日、西欧社会内部においてさえ、西欧の論理は行き詰まりを見せている。地球環境が悪化する中で、自然と対決して征服する従来の西欧のモデルでなく、自然との共存が不可欠な時代が来ている。社会的連帯が解体していくように見える中で、自立と依存の関係を考え直さなくてはいけない時代へと、発想の転換が求められている。日本は西欧モデルを追いかけてきたという意味では、現時点を見ると、学部長が優勢なのかもしれない。だが、二十年後、「かけ」の行方はどうなっているのだろうか。それがむしろ問題なのである。

2　言説としての社会性の低下、実態としての社会性の低下

ここであらかじめ、ある種の現象、例えば、特定の犯罪であるとか、逸脱であるとかが社会的関心を呼ぶようになる背景には、その現象が実際に起きる頻度が増えた場合だけとは限らないことに注意する必要がある。ある社会でどのような人々が問題となり、〝逸脱〟しているとされるかは、その社会が何が重要だとその時点で思っているかに深くかかわっている。こうして、宗教的な家族観や伝統的な女性観が強調されるような社会では、それを脅かすような行為、例えば、女性の不貞等は、ことさら厳しく罰せられる。

あるいは、それまで問題になっていなかったことが注目されることにより、新しい社会的カテゴリーが生まれたり、あるカテゴリーに含まれる子どもが増えるということもある。日本でも例えば、児童虐待が社会的に認知されるにつれ、昔であったならば「しつけ」の範囲とされたであろう行為

も、虐待の対象とされるようになっている。

今、日本で、新しいタイプの子ども、つまり、人の心が理解できずにすぐ切れる等の子どもが増加しつつあるという言説がメディアで繰り広げられている。こうした子ども達は、「ゲーム」世代であり、ファストフード世代であり、現実と空想が区別できない、衝動を抑えられない、従来とは質的に異なった世代だという論調もしばしば見られる。実はこの論調は、アメリカにおいて以前から見られるものである。アメリカでは、コロンバイン高校での生徒による学校での乱射自殺事件等の衝撃的な暴力事件を背景に、一九九〇年代、青少年世代が質的にその前の世代とは異なり、本質的にモラルが欠如した集団になりつつあるという言説が力を持つようになった。そのため、事態を放っておけばこのようなモラルの欠如した層がどんどん増え、青少年犯罪は必然的に増えていくとされたのである。こうした論調が刑罰の厳格化を求める機運ともつながった。

だが、こうした青少年の質的な変化に対する危機感を、特定の凶悪な例を一般化することによって成り立っている間違ったイメージだという研究者もいる（Zimring 1998）。この立場からすると、青少年が暴力化しているという社会的言説は、実態を反映しているというよりも、社会の方向性を危惧する人々の恐怖感を映し出し、少年犯罪に対して強硬手段に訴えることを正当化する働きをしていることになる。

今の日本の青少年の状態が、本当に広範な社会性の危機を表しているのかについては異論もある。しかし、少なくとも、日本の社会が西欧を追いかけながら、子どもの社会的成長について、心配するようになりつつある社会であることは明らかであろう。人々がある状況を現実であると定義したならば、そのことによって現実的結果に違いがもたらされるという社会学的命題があるが（Berger and Luckman 1967）、我々の時代は、子どもの社会性を心配する時代であり、人格形成の方向性について憂慮する時代であり、そうした危惧は現実に人々の行為を左右していることは確かである。

3　家庭のしつけ

西欧の「日本的」方向転換

もし、海外の研究において、日本人のしつけや教育について、最も繰り返し指摘されてきたことが何かと問われれば、それは集団性、共同性、社会性の育成が理念としても、組織の仕組みとしても日本では中心的な関心であるというメッセージであろう。この場合、集団性、共同性、社会性はそれぞれ、集団、共同体、社会に対応した言葉としてここでは用いている。

こうした特徴が日本的だと注目されてきた背景には、多くの場合、英語文献で日本が語られる場合の比較対象が日本よりも個人化が進んだ社会であったからという事情がある。共同的性質は時には日本の短所とされ、時には日本の長所とされ、家庭から学校、職場までを貫徹する基本原理だとされてきた。そのため、日本がモデルとなる時には、この共同性、集団性、社会性のプラス面がしばしば注目されてきたのである。

だが、今日の時代状況の中で、これらの指摘は新たな意味を持って我々に対人関係のあり方について問いかけているように見える。それは、「日本的」だと言われてきた特徴に非常に似た主張をする欧米の論者が増えてきたことからもうかがえる。

十年ほど前、筆者は当時最も売れていた日本とアメリカ、イギリス、フランスと中国の育児書を比較する共同研究を行った（恒吉・ブーコック 1997）。その時、強く印象に残ったのが、一般のイメージとは裏腹に、英米仏の育児書が赤ん坊の欲求や感情を受け入れるということに関して、実に寛容になりつつあることであった。

二世代ほど前までは、アメリカではボトルとミルクを使って、スマートに赤ん坊を育てることが〝近代的〟だとされ、母乳で育てようとする母親は冷たい視線にさらされていた。ところが今日では、様々な州で公的な場所で母乳を与える権利が法制化され、母乳育児は欧米でちょっとした流行である。前記の育児書の国際比較でもそうだったが、育児専門家は口を揃えて母乳は栄養的にも、環境のためにも、母子の関係のためにもよいと主張し、欧米各国でキャンペーンが繰り広げられている。

理想の授乳イメージが、規則的にボトルを使って、何時間かおきにミルクを与えることから、母乳で赤ん坊が欲しがる時に与えるものへと変わっただけではない。赤ん坊の欲求に応えることに関して、ほとんど全ての面において、英米仏の育児書は赤ん坊の欲求を受け入れる方向に転換しているのである。

例えば、かつて、早期の規則的な排泄訓練が必要だとされ、それを訓練するのがよい母親だとされていたのが、今日では、子どもには個人差があるので何年でもかかる子どもはかかるのだから辛抱強く受け入れるべきだとされている。赤ん坊が大切な家の花瓶を床に落とすのは、かつて主張されていたように親を困らせてやろうとしているのではなく、ある発達段階ではそれをするのが自然だからだと説明されるようになっている。むしろそうした時期に赤ん坊の手の届くところに花瓶を置いている大人の方が悪いのだと親は聞かされるのである。あるいは、赤ん坊が泣くのは、かつての育児書が主張したように親を思いのまま操ろうとしているからではない。赤ん坊にとっては泣くというのは自然な行為なのであり、それを受け入れてもらった赤ん坊は、安定して泣かなくなると言われるようになっている。

そして、最後に争点として残ったのが添い寝である。これは夫婦を単位とした西欧的な家族イメージの根幹にかかわるだけに、英米仏の育児書も母乳のように一様に肯定するには至っていなかった。前記調査当時では、日本では、調査した全ての書が添い寝を容認ないし肯定していたが、英仏米ではまだそうした立場の書は数冊しかなかった。英米の書は、添い寝は夫婦の眠りや夫婦関係に支障がある、子どもが眠れない、子どもの自立を妨げることを反対の主な理由にあげていた。つまり、夫婦のプライバシーを侵害し、自立という子育ての目標に反するとされたのである——これらは全て、伝統的な西欧的な個人主義・夫婦中心主義の理念である。こうした中で、積極的に添い寝肯定のアドヴァイスをしていた異色の書として、W.・シアーズらの育児書があった（恒吉・ブーコック

1997)。今では親と子どもとの愛着関係を築くアタッチメント育児（attachment parenting）推進のシンボル的存在になっているだけに、ここで少し彼の主張に触れておくことにする。

アタッチメント育児

シアーズらはアタッチメント育児、つまり赤ん坊と保護者との愛着関係、〝絆〟の育児を提唱しているが、そのベストセラー『ベビーブック』（Sears and Sears 1993）で、母乳の実行と共に、「子どもを身にまとう」（wear your baby）ことや添い寝（share sleep with your baby）を推進している。どれも近代西欧的な論理に意識的に対抗した主張である。

シアーズらいわく、他の文化の育児スタイルを研究している内に、非西欧社会の中には、子どもがドレスと一体となって「まとわれている」社会があることに注目した。そして、こうした社会では子どもが実に満足げであり、母親が敏感に反応していることに感銘を受けたと言う。「ここ何年もの間で、西欧世界に登場した最もすばらしい育児概念」だとして、シアーズらは「子どもを身にまとう（wear）」ことを提案している（Sears and Sears 1993, p.6）。

添い寝にしても、シアーズらは、「これほど長年自然であり、これほど素敵な習慣が、突然近代社会にとっては〝間違っている〟とされることに我々は驚く。世界中の大抵の赤ん坊は彼らの親と共に寝ている」（Sears and Sears 1993, p.7）と西欧の特異性を強調している。

アタッチメント育児は親子の強い絆を築き、子どもの情緒的なニーズに応え、こうした共感的な関係が将来的にも安定した対人関係を可能にするという趣旨の主張をする傾向があり[1]、臨機応変に子どもに応え、なるべく一緒にいる、依存したいという赤ん坊のニーズに応える等（Granju with Kennedy 1999；Sears and Sears 2001）、実に〝日本的〟な助言をする。西欧の発達心理学のアタッチメント理論等に根拠を求めながらも、西欧近代の論理に対抗してむしろ非西欧社会の論理をより自然なものとして取り入れようとしているだけに、「依存」を許容すると言われてきた日本のしつけに似てくるのはある意味では当然なのかもしれない。

シアーズらのような動きは、夫婦が主軸の西欧的家族に対して家族中心的な関係の意味を、西欧的な自立に対して人間の依存したいという欲求に応える意味を、親（大人）がボスであり言うことを聞かせるような関係に対して絆によって水平に結ばれている親子関係の意味を問うものであろう。そして、前記のどの対置関係においても、日本の家族やしつけの特徴は、後者だと海外の文献では言われてきたのである。つまり、夫婦関係が優位な西欧に対して、日本は家族中心（と言っても実際は親子関係、特に母子関係中心）で、親子は堅い情緒的な関係で結ばれていると言われてきた（本章「『依存』を許容する子育て」を参照）。では、こうした〝絆〟を軸にしていると言われた日本のしつけや教育がどのような特徴を持ち、その可能性が何であり、落とし穴は何であるのか、次に検討してみよう。

戦後しつけの原型

まず、日本的な育児を考えるにあたって、おさえておくべき事柄がある。それは、海外において、盛んに日本のしつけが参照された「時期」に関係している。

戦後アメリカを中心とする欧米研究者による日本のしつけ研究は、筆者との年齢関係で言えば、親かその少し上の世代によって切り開かれた。そうした研究への道筋を示したのがR．ベネディクトの『菊と刀』の有名な研究であったが、続く、一九五〇、六〇年代、家庭でのしつけや社会化を通して日本文化を語る研究は、多くの古典を残していった。それらはしばしば、文化としつけを結びつけ、日本人の心理傾向や行動様式を日本文化との関係で語ろうとした、心理学系、文化人類学系の研究であった。

戦後第一世代が日本人のしつけについて研究していた時期は、日本が敗戦の痛手から立ち直り、経済発展をした時期である。この戦後第一世代はそのため、日本を、戦前の伝統的な価値観（「恩」や「家制度」「儒教」）が残存する社会として描きながら、同時に、日本が経済大国へとのし上がり、急激な変化に晒されていく過程を目の当たりにした。従って、そこで描かれているしつけや家族は、伝統的な習慣を引きずりながら、生まれ変わっていく日本の戦後家族である。

例えば、当時の代表的な論者の一人であり、カリフォルニア大学等で長年教え、晩年（一九八五年に他界）帰国した我妻洋は、筆者の両親と一緒の時代にアメリカに留学した家族の知人であり、筆者が留学の際にも相談した人物である。この世代の日本人がアメリカに渡ったのは、まだ日本とアメリカとの国力の差が歴然としていた一九五〇年代あたりであり、外貨の持ち出しもままならない、アジア系に対する差別も今よりも格段に厳しい時代であった。その中で、敗戦国からの留学生として苦闘する中、闘いながらアメリカでの地位を築いていったのであった。当時の日本製品は壊れるおもちゃに代表されるような「安い、悪い」イメージであり、日本をモデルとして見ようという風潮は欧米にはなかった。

だが、この世代の多くが研究者として晩年を迎える一九八〇年代頃になると、日本は「奇跡」の経済復興を成し遂げ、経済大国へとのし上がって、日本研究者でなくとも、日本的経営やその土台にあるとされる日本の教育について、関心を抱くようになっていく。そして、第Ⅰ部でも登場した、C.ルイス等の戦後第二世代の日本のしつけ・教育の研究者は、日本がモデルとして見上げられる時代に活躍することになるのである。ルイス等が日本の教育をモデルにした授業研究（レッスン・スタディ）をアメリカだけでなく、世界各国に広げられたのも（第Ⅰ部）、日本の授業研究が西欧の代替モデルを示しているという事実だけでなく、日本の国際的地位が高まり、日本型モデルが世界に通用するようになったからこそであろう。

さて、戦後第一世代の日本のしつけ研究の代表的研究者として必ず名があげられるG.デボス（G. DeVos）は、我妻の指導教授であり、被差別部落やアジア系の達成志向としつけについてパイオニア的な研究を残している人物である。デボスは一九五一年に日系人をテーマに心理学で博士号を取得し、六〇年代にはカリフォルニア大学バークレー校で教鞭をとっている。

同じ世代には、ハワイ大学で長年勤め、文化人類学的な手法で戦後日本研究にいくつもの古典を残したT．S．リーブラがいる。筆者が大学院生だった頃、リーブラの著書はアメリカの日本研究では必読書であり、多くの学生がその影響を受けていた。筆者も後にリーブラと交流させていただく機会を得て、大学のゼミにも招き、多くを学んだ。

そのリーブラらがまとめた書で、日本の社会化研究の戦後第一世代が考えたことを示すものがある。『日本の文化と行動――リーディングス』(Lebra and Lebra 1974)。その裏表紙の推薦文を書いているのが我妻洋、中に書いている研究者には、デボスもいる。さらには、広く海外で受け入れられた日本人研究者、「甘え」の土居健郎、タテ社会の論理で知られる中根千枝の論文もある。日本文化論批判等で知られるハルミ・ベフ、また、この時期のしつけ研究の代表格であるW．コーディルらの乳幼児の日米比較も掲載されている。後に第二世代を代表する日本の教育研究者となるT．ローレンはこの時にはまだカリフォルニア大学（サンタクルーズ）の若き助教授の肩書きで載っている。

こうした、日本人の文化と行動特性を理解しようとする論文集に、しつけや社会化に関するものが多く含まれていたこと自体示唆に富む。第一世代が描いた日本のしつけは、日本文化を理解する上で不可欠のものと理解された。同時に、そこにおける日本の家族は、伝統的な家族関係を受け継ぎながらも、やがて高度成長時代、成熟社会へと脱皮していく変貌期の家族だったのである。だが、この時期に主張された日本の特徴を理解することが重要であるのは、それが根本的にその後も戦後日本のしつけの原型として、指摘され続けているからである。

「依存」を許容する子育て

では、この戦後初期の研究者（ここで第一世代と呼んでいる人々）によって描かれた日本の子育ての特徴とはどのようなものであるのか。一言で言うならば、それは、何よりも母子関係の強さと依存を許容する子育てであろう。

まず、日本では母子関係が家族における鍵となる関係であるという点について、これらの研究は一致している。それは、夫婦中心の西欧（アメリカが中心）と比べた場合に特徴的だとされたのである。密着した母子関係が対人関係の原型として、相互依存志向の高い心理行動を形成していくという主張は、繰り返し色々な形で唱えられた。

そして、子育てのあり方も、こうした密着した母子関係を軸にして行われるとされたのである。例えば、代表的な論者デボス（DeVos 1974）は、耐えることによって母親に対する罪悪感を植え付けるモラル・マゾヒズムを日本的育児の中に見出した。それは、アメリカのユダヤ人マザーによく似ているという。大人になっても子どもの日常生活にかかわり（悪く言えば干渉し）、罪悪感に訴えながら、自己犠牲的な育児をするユダヤ人マザーのステレオタイプは、今でもアメリカであちこちに登場してくる。

いずれにせよ、心理テストを用いてデボスが描いた日本型の母親は、子どものために、夫のために静かに耐え、尽くし、そして、その姿によって罪悪感を植えつける母親である。だが、そこで見られるのは、一見受容することを繰り返す受け身なしつけでありながら、実は表立った反抗を子どもがする気を起こさせないしつけであり（自分に尽くしている相手であるので）、結果として「自分から」従うという、強い統制力を持っているしつけだと言えるだろう。最もそうした〝しつけ〟が効果を発揮した時、子どもは親を喜ばせようと「自発的」にその意思に沿うようになる。それは、直接親の権威や説得によって同調を求める、アメリカ型（西欧型）の親の統制の仕方と異なり、罪悪感の内面化によって「自発的」に相手に沿う形で動くという、統制のタイプとしては、親の側にとって意識的かどうかは別にして、遠隔操作の産物なのである。そして、こうした行為の源となっている昇華された母親像を日本人が抱いているというデボスの主張は、日本においても、例えば、メディア等における母親像を分析した山村（1971）によって繰り返されている。山村の研究には、目標を達成していくにあたって、張り合いとなり、支えとなり、罪悪感の対象にもなり、原動力となる「母」なるものが描かれていた。

こうした密着した（母子関係を原型とした）相互依存度の高い対人関係のあり方に日本人の対人関係の特徴を見出す視点は、日本国内でも土居の「甘え」の概念（土居 2007）や、間人主義を主張した浜口（1982）等が指摘した。いずれにおいても想定されているのが、相手との心理的距離が近く、受け入れられる、受け入れるという依存関係のもとで安定を得ているような自己のあり方であり、対人関係のあり方である。

そして、この時期を代表するW・コーディルらの研究では、日米の三、四カ月の乳児を対象にして、その母親の対応の仕方、その時に赤ん坊が何をしているか、母親が何をしているかが記録され、数量化された。そこにおいて浮かび上がってきたことの一つは、アメリカの母親は言葉で話しかけ、活発に反応するように子どもに刺激を与えるのに対して、日本の親は身体的に接触する度合いが多く、落ち着くように、なだめるように対応をしているということであった。それと関連して、アメリカの母親は子どもが活発に反応している時にそれを刺激するように話しかけ、日本の母親は子どもが不満の声をあげた時に、先回りをして、それをなだめるように言葉をかけるとも記されている。そして、コーディルらは、しつけと文化を結びつける視点から、こうしたしつけの特徴が、後に日米文化で生きる時に求められる資質の違いに対応しているとした（Caudill and Weinstein 1974（1969）, p.264）。コーディルらはまた、後に添い寝の調査（Caudill and Plath 1974（1966））も行い、日本人が誰かしらと添い寝を人生のかなりの部分を過ごすことから、（西欧式に）男女としての夫婦の絆を強調するよりも、一般的な家族の絆を強調していると考えた。

いずれにせよ、こうして、一九五〇、六〇、七〇年代、戦後家族における日本的なしつけは、母子関係の強さに支えられながら、依存することを受け入れる育児であるとされた。それは、母親が身体的にも、心理的にも子どもに近いことによって、また、子どもが親に共感する（気持ちがわかる）ことを通じて成り立っている。そこにおける統制の方法は、子どもに内面化された罪悪感、家族の期待であり、それに「自発的」に従うことが期待されているのである。

このパターンを押さえることが重要な理由は二つある。一つは、この、大人と子ども、地位の上の者と下の者の〝絆〟によって大人（地位が上の者）が子ども（下の者）に対して「自発的」な同調を期待できるパターンが、家族を超えて、学校でも、擬似家族的関係を持つとされてきた日本型の職場においても、日本人の対人関係パターンとして繰り返し海外の研究者によって観察されてきたからである。第二には、女性も家族もしつけも変化しながらも、なお、他の西欧先進国に比べると、母子関係の強さを軸とする前述のような特徴が日本的特徴だとされてきたことである。それゆえ、母子関係の強さが夫婦関係の危機と結び付けられやすいとされる西欧的論理の文化的バイアスを浮き彫りにする例、つまり、本書で言うところの西欧の代替モデルとして今でも時として用いられているのである（Rothbaum et al. 2002）。

「共感」能力を育てるしつけ

依存を許容することと深く関係しているのが、共感すること、相手の立場になって考え、情に訴えることである。つまり、日本の「依存」を許容するしつけは、同時に、「共感」を強調するしつけでもあるとされてきた。何人かの代表的な論者の主張を追ってみる。

例えば、日本人の行動様式について論じた書でT．S．リーブラは、日本で最も強調されている価値の一つとして、相手の気持ちになること、相手の立場になって考えること、つまり、共感（エンパシー）があるとしている。そして、共感することと依存は相互補完的であるため、相手に対して共感を求める日本のような文化は、同時に、相互依存を求める文化だとしている（Lebra 1976, ch. 3, 4）。その原型はやはり母子関係に求められ、擬似家族主義的な関係は、教師と生徒、先輩と後輩、上司と部下の関係をも特徴付けているとされたのである。

同じようなことは、日本のいくつかの家庭に密着し、この時代の代表的な観察調査を行ったヴォーゲルらによっても主張されている。この調査以後、個人的体験として精神科医であるS．H．ヴォーゲル（妻の方）がまとめたもの（Vogel 1996）が残っているが、これは日本の女性をアメリカ人女性の目から見たものとして面白い。彼女は、夫の調査に同行しながら、母子関係の方が夫婦関係よりも強い日本の家族のあり方に驚いている。そして、悪さをして、家から閉め出され、謝っている子どもを見て、アメリカであったならば、子どもは独立していたいものだという前提があるため、むしろ、喜んでどこかに行ってしまうことが危惧されるであろう、と想像している。アメリカの一般的な罰は、週末等、遊べないようにしてしまう（ground）、部屋から出られなくしてしまうという、権利や自由を奪うことである。

こうした主張は、第二世代の研究でも繰り返されている。アメリカの教師は、ある子どもが悪さをした場合、日本に比べてその子どもだけ隔離してしまうという方法を取りやすいとされてきた（Tobin et al. 1989）。実際、アメリカの小学校等では、タイム・アウトというような、一人で別の場所で反省するように言われたりすることが少なくない。日本では、学級経営の論理としても、特に小学校においては、孤立させるよりも、学級の力を使って取り込もうとする傾向が強い。

共感的なしつけについては、第一世代の研究で、一九七〇年代初めに開始され、東洋とヘスが責任者となった育児方法をめぐる古典的な共同研究がある（Hess et al. 1986）。この共同研究をまとめた書が出た時、筆者はちょうどアメリカで大学院生であり、本書が日本研究者の間で話題になっていたことを覚えている。しつけ分野において、類書がなかったからである。

長きにわたって行われた本研究は、母親のインタビュー、アンケート、ゲーム、テスト等を組み合わせて、子どもが三歳の時から数年と、五年生（アメリカは六年生）の時に調査が行われ、日米のコラボレーションとして模範的なプロジェクトとなっている。ここでもまた、アメリカの母親の方が日本の母親よりも言語的に表現することを子どもに求め、日本の母親の方がいわば以心伝心型であることが確認された。さらに、統制の仕方に違いが見出された。母親が介入することが想定されるような六つの状況に対して、母親のインタビューがされた結果、四つの主要なカテゴリーに結果が分類され、日本の母親が感情に訴えることが多く、つまり共感する能力を育てていくようなしつけ法であり、アメリカの母親が自分の権威に訴えることが多いという結果が出ている。こうした日本の母親の対応の仕方は、ここでも母子の絆の強さと関係しているとされている。依存的関係、絆の強さに支えられた、感情に訴えるしつけ方法、共感的なしつけが、ここでもアメリカに対する特徴として、主張されているのである。

4 〝絆〟の育児の落とし穴

こうして、西欧（特にアメリカ）と対置して観察されてきた日本の育児の特徴は、母子の絆の強さを軸として、共感を重視し、依存を許容し、そうした近さによって「自発的」に子どもが意に沿うことを期待するものであった。このしつけパターンは、基本的には次の章で見るように、学校教育でも繰り返されていく。

かつての共同体が崩れ、対人関係が希薄化した今日の西欧個人主義社会においては、確かに、受け入れる育児や共感する関係の大切さを主張する人々が、現状を打破する視点として増えている。その意味では、日本的だと言われてきた育児のパターンは、ある部分では時代が求めるものを持っている。

だが、〝絆〟を強調した育児にはいくつかの落とし穴もある。第一に、前述のアタッチメント育児批判でも指摘されることだが、子どもの依存したいというニーズに応えるということは、その役割が母親に一極集中した時には非常に負担の重いことである。

これは、前述した育児書の国際比較の分析でも指摘したことだが、英仏米に比べると、日本の育児書が求めている母親像の負担は重い。夜でも泣けば応える育児は、自ずから泣いても放っておく育児よりも親（母親）の時間を取る。育児書比較をしていると、日本の場合、救いになっているのが、ある種の原則論の〝いい加減さ〟というか、臨機応変さである。ただ、それがどの程度、子育てもしたことがない初めての母親に伝わるかは疑問である。

つまり、かつての「日本的」とされた戦後の母子関係も、前述のユダヤ人の母親のステレオタイプも、女性の社会進出を前提としていない、子どものことをかまっていられるような状況、あるいは、子どもこそを生きがいとする従来の女性役割構造の中でおそらく成り立っていたのである。女性が働き、育児が拡大家族や地域によってインフォーマルに担われていくような受け皿もない中では、負担の観点からも、男女の平等の視点からも問題がある。つまり、現代版の〝絆〟の育児は、絆の重要性を認めながらも、母親に負担が集中せずに、男女、地域ネットワーク等によって総合的に支えられることが前提となろう。

第二に、どの程度の、また、どのような〝絆〟が社会的に病理とみなされるかは、その社会的・文化的コンテクストにもよる。例えば、年齢よりも幼い扱いをする行為は、依存を助長するものであろうが、年齢相応の扱いが何であるかは、社会において異なる。日本の方が依存を許容する度合いがアメリカに比べて強いと言われてきたものの、例えば、三〇歳になっても親が代弁しているような成人は、やはり日本の感覚から言っても行き過ぎと受け止められる。杓子定規に〝絆〟を強調するのは、杓子定規に自立を叫ぶのと同じように、こうした理解が社会的コンテクストの中で成り立っていることを見逃している。

第三の点は、第二の点に関係しているが、外部条件が変化する中で、〝絆〟の育児も調整を迫られることである。前述のS.H.ヴォーゲルは、一九五八年の調査で日本の母親が〝はぐくむ〟存在であり、限度を教えたり、規律を教えたりというよりも、子どもの欲するものを察して動くような強い母子関係を形作っていることが特徴的だとした。そして、今日の日本の母親も基本的にはこのモデルを継承していると考えた。ところが、かつては、包み込む母親に対して、父親や親戚、地域や学校によって象徴される厳しい外界が存在し、一種の役割分担ができていたところが、今では母親は相変わらず許容するモデルで動いているにもかかわらず、基本的に規律を担うのは学校以外になくなっていると述べている(Vogel 1996)。従来の〝絆〟の育児はいくつかの要素のバランスの上に成り立ってきたのであり、その均衡が崩れつつあると言うのである。

ここで指摘されているのと同じような問題が、家庭以外の領域でも起きうる。〝絆〟によるしつけは、母子関係だけでなく、日本の教師・生徒関係をも特徴付けるとされてきたからである(Shimahara and Sakai 1995)。そこで、次に家庭から学校へと視点を移すことにする。

注

(1) こうした主張は、シアーズらの育児書だけでなく、推進運動団体としてのアタッチメント育児インターナショナルのホームページ(〈http://www.attachmentparenting.org/faq/general.shtml〉、二〇〇七年七月現在)等においても繰り返されている。

第五章　家庭から学校へ

1　日本の就学前教育の特徴

さて、戦後第一世代が日本人のしつけに注目したとすると、その次に登場した研究者世代は関心が子育てや乳幼児からその他の分野へと移っていく。しかし、日本人のしつけの特徴に関しては、第二世代が主張していることと、第一世代の主張とは、基本的に変わっているわけではない（Shwalb and Shwalb 1996）。個人主義的な人間観から言えば未熟さや弱さと結び付けられる依存状態を、日本の人間形成の担い手である家庭や学校、職場が積極的に肯定するという点に大きな焦点が当たってきた。集団へ同調する傾向、権威に対しての従順さは、個を主張し、権威に対して反抗していくアメリカ（欧米）的自我と対置されて論じられてきたのである。

家庭外で最初に多くの子どもが集団生活を送る場として就学前教育がある。欧米の研究者によって日本の就学前教育の特徴だとされてきたのは、第一に集団性、共同性、社会性の育成であり、第二に母親が学校に対して協力的で教育熱心だということである。

例えば、第一の点について、日本の幼稚園を観察したピークは、他の多くの論者と同様、「学校（幼稚園）に行くことは日本では主として集団生活の練習として理解されている」（Peak 1991, p.6）とする。そして、集団に溶け込み、そこで喜びを見出すことを求められるために、アメリカとは別のタイプの子どもが「問題」にされやすいと言う。つまり、アメリカでは子どもが自分で自己統制していく力を獲得していくことに関心が高いため、欲求の統制ができない多動傾向のある園児が問題になるが、日本ではむしろこうしたタイプの子どもは容認され（なぜならば彼らは少なくとも他の子どもと接触している）、集団の活動に参加しない子どもに対して注意が向くと観察している（Peak 1991, ch.12）。

日本の幼稚園・保育園がこうして対人関係の育成を何よりも重視しているということは、繰り返し海外の研究者によって指摘されてきた。日本の就学前教育の海外におけるイメージが単一すぎて、実際は、色々な特徴を持った園があるのだと、日本の就学前教育の多様性を主張した第二世代の論者ホロウェイでさえも、日本の就学前教育が対人関係を軸としていることには異論を唱えていない（Holloway 2000）。

だが、同時に、我々は、一歩引いたところから海外の論者によって描かれた日本の就学前教育の人間像を見ることによって、そこで指摘されているのが、ある種のタイプの対人関係能力の育成であることを見て取ることができる。つまり、そこにはプラスの面を見るならば、色々な子どもと仲良くなることがいいことだという論理のもとに、人為的に色々な幼児を意識的に混ぜて、触れ合わせようとする、社会性を重視する日本的全人教育の視点が強く表れている。こうした角度から見た時、日本の対人関係育成への情熱は、全人教育を推進し、バランスの取れた人格形成を求め、社会性が問題となる今日的課題に応えているという意味でモデル性を持っていることは既に述べた。

同時に、そこには、ある種の狭さもある。一例として、日本のこうした理解の枠組みには、内省的であったり、自立心が強く、独りが好きな「ローナー」(loner) であるようなタイプの子どもの生き方を肯定的に意味付ける術がない。

例えば、アメリカの才能教育では、「特に潜在能力の高い子ども」を特定しようとする。そして、しばしば、こうした子どもは、他の子どもよりも早熟であったり、思考レベルが異なるために、子どもよりも大人と話すことを好む（第八章参照）とされている。こうした子どもが本当に「潜在的能力」が高いのかは個人的には疑問がある。しかし、こうした、子どもよりも大人を好むような、仲間から離れて独りで内省するような、日本では「社会性に欠ける」という理解をされるだろう子どもに、その子なりの潜在的可能性を見出そうとする教育観がアメリカの中にはあることは指摘できよう。

あるいは、今ではビデオを用いた研究の古典例となっている、中国、日本、アメリカの保育園の映像を教育関係者に見せてインタビューしたトビンらの調査は、日本の保育園で一人の男の子に注目している。その子どもは活動中に立ったり座ったり、他の子どもよりも作業を早く終わっては冗談を発してクラスを笑わせて、保母さんの側からすると他の子どもの邪魔になっている。アメリカ側の研究者は、この男児は潜在的才能が高く、退屈しているのではないかと考えた。潜在能力が高い子どもは、クラスの中で退屈し、問題児となっていくケースがあり、その例に当たるのではないかと考えたのである。しかし、日本文化はこうした視点からこの子どもを見る枠組みを保母さんに提供していない。従って、この子どもは家庭に問題があり、寂しく、周囲の注意を惹こうとしている不安定な子どもであり、本当に潜在的能力が高ければ、場をわきまえた行動ができるはずだと保母さんは反応している（Tobin et al. 1989)。

〝才能〟との関係だけでなく、民族・人種間の不平等が教育の中心的関心になっているアメリカのような国の場合、民族・人種間、個人間で学習スタイルの差があり、表現の仕方が違うことを受け入れる必要性がかなり注目されるようになっている（Hale 1986)。

では、日本の幼稚園や保育園で、周囲の園児と話すよりも、保育者と話すのを好むような子どもを好意的に見る物差しが果たしてあるのだろうか。このような子どもは、日本では子どもと遊ぶことを知らない、偏った育ち方をしている子どもだとしか理解されないのではないだろうか。なぜ〝みんな〟と仲良くできる子どもでないといけないのかは問う必要もないほど自明になってはしないか。個々人の学習スタイルの差が意識され、尊重されているのだろうか。単一文化発想の日本社会では、集団間の文化の違いによる学習スタイルの違いには視点が行きにくい。

いずれの場合も、物差しが一元化しているのである。つまり、第Ⅰ部で見たように、日本の教育の全人教育の枠組み、人格形成を総合的に扱おうとする枠組みは、現代のニーズを考えた時に日本の教育の大きな長所であることを、国際的評価を通して、我々は改めて実感しうる。しかし、その人格形成教育を支えている論理に関しては、物差しの多元化を含めて批判的に見る必要もある。

2　日本的〝自発性〟

どの社会でも、どのような子ども像が求められているのかは、どのような働きかけが社会から子どもに対して行われるのかに結びついている。これは、日本の就学前教育の特徴とされてきた集団性、共同性、社会性の育成が、子どもがどのように集団に同調するように方向付けられるのかという、集団統制のメカニズムと切り離せないことを意味している。

これに対して、海外の研究は、かなり一貫していくつかの日本的特徴を指摘してきた。

第一に、同調のパターンであるが、保育者が、自分の保育者としての権威に依拠して子どもに言うことを聞かせるのではなく、周囲との〝絆〟を築かせ、その結果、子どもが仲間からの集団的な働きかけ（peer pressure）に応え、集団への所属感等に突き動かされて、「自発的」に同調するように仕向けるということである（Tsuneyoshi 2001；Peak 1991, p.182；Lewis 1995）。これは、基本的に家庭のしつけで指摘されてきたパターンと同じである。心理的な近さ、〝絆〟によって身近な集団に共感し、対人関係の親密さによって生まれる同調圧力によって「自発的」に協調することが期待されているのである。

第二に、こうした「自発的」同調を支える様々な仕組みや実践が盛んだと言われている。例えば、型の繰り返し、「ルーティン」(routine) が日本の幼稚園、保育園、小学校 (とそれ以後) には多い。日直や当番、給食に掃除、あいさつにその他の日常的な集団活動がルーティン化されるために、子どもはいちいち教師からの指示を待たずに行動できる。逆に言うと、どの子どもが何をするかがはっきりしているために、大人がいなくとも自分達で〝いつも通り〟の手順を踏めるようになるのである (例　日直)。

アメリカからの教師が日本の小学校見学に行くと、朝の会等、担任がいないのに活動が進んでいることに驚く。監督する大人がいないのに、子どもが〝自主的〟に動いて、どうしてカオスにならないのかと感心するのである。彼らは、役割構造がはっきりして (例　日直の仕事)、ルーティンになっているために、子どもが何をすべきかがはっきりわかっているような状況を想定していないのである。そして、この「いつも通りの」型が決まっていることが、教師が背後に退き、集団としての子どもに進行その他をまかせることができる、日本的だと言われる状況を生み出す一つのしかけとなっている。

だが、ここが肝心なのだが、まかされた子ども達は、何でも好きにしていいわけではない。ルーティンによってなすべき内容がかなりはっきりしているし、その活動の時に何をすべきかの教師側の期待もわかっているのである。従って、「機能」している時の子ども同士の働きかけは、学校の目的、教師の目的を推進する形で働くことが期待されているのである。こうして見る時、学校の活動を推進する形で日常化されたルーティンに支えられた〝自主的〟な子どもの活動は、決して反権力的な意味で〝自主的〟なのではない。

こうしたことを、「個の自立」と「権力」との間に対抗的な関係を見出しがちな、個人主義的な枠組みで日本を見ているアメリカの研究者は、しばしば、違和感を持って感じ取ってきたように見える。例えば、前述のピークも、権威によって統制されているような社会では、人々は、権威者の意志・ルールを守らない場合に下されうる罰への恐れ等に突き動かされてエゴに基づく欲求を抑えて同調するため、こうした過程において生じてくる怒りやアンビヴァレンスは、はっきりとした反抗のターゲット（権威者）を持っていると分析している（Peak 1989）。例えば、教師が自分の教師としての権威に依拠して指示を出す形がパターンであるところでは、その教師に対して対抗することと自立とは密接な関係にある。ところが、日本の場合は「システムに真剣に歯向かうことは、親切な影からなる軍隊に戦いを挑むようなものである」（Peak 1989, p.123）という。なぜなら、誰かに（目に見える形で）権威が所在しているわけではなく、集団の集合的習慣を修正することは多大な労力を要するからである。逃れたり、反抗したりすることは、自分にとって日常的に友情や社会生活の温かさの源となっている社会的繋がりを断ち切ることにつながるのである。こうして、よく言えば集団性に富み、悪く言えば本来同調するべきでない時も集団と共に生きる方が賢明に見えてしまう状況が作り出されるとピークは考察する。

依存と共感のしつけの延長上にある〝絆〟による教育は、学校の目標に沿った形で機能するように仲間集団を方向付ける。中学校では教師と生徒の関係は小学校ほど近いものではなくなるが、小学校においてはまさに〝絆〟による教育が展開されている。子どもと学び、遊び、学級共同体を形成していく教師像は、子どもにとっては抑圧的な権威者であるよりは、理想的には情緒的に繋がった存在なのである。

第I部でも見たように、日本が対人関係の育成を、教育の公な目標に取り入れてきたのは、社会性や感情の育成が大きな課題となっている今日の時代状況の中では、時代の要請に合っている。同時に、そこで目指されてきた集団・共同性、社会性、対人関係のあり方が、どのようなものだったのか、こうして、我々は再考することをも求められている。この点については、本章の最後で再び考える。

3　協力する母親

さて、以上のような、対人関係を円滑に運ぶという対人スキルの育成、共同性の育成が、外から見た日本の就学前教育の最大の特徴だとされてきたわけだが、日本の就学前教育で言われる第二の特徴が、学校に対して静かに協力する、熱心な母親の存在である。そこで描かれているのは、欧米的な意味で、教室に入り込んで直接的に教育活動に参加するという意味で協力的な母親ではない。自由に活動の様子を観察したり、ボランティアとしてクラスに入り込む欧米タイプの参加の仕方をする（あるいは、させてもらえる）よりも、日本の母親は、学校の周辺で、手作りのものをそろえ、名前をきちんと記入して幼稚園・保育園・学校の期待に応えるという意味で、教育を静かにサポートする協力的な母親だとされてきた（Peak 1991, ch. 5）。

無論、今日、この主張を、少なくとも三つの意味で純粋な形での維持はしがたくなりつつある。第一は、母親が大方子どもの教育に協力的であるという前提自体が成り立たないということである。給食費未払い問題、学校に対して直接主張してくる親が目立つようになる等、西欧先進国的な現象が次々と浮上する中、むしろ、日本でも、家庭と学校との連携はそもそも難しいのだという前提から出発して、もっと人為的なしかけが必要となっている（第六章）。

第二は、総合的な学習の時間に象徴されるような、学校に外部の人、特に保護者を招き入れるタイプの参加の仕方が日本でも進められ、従来言われてきたような「日本的」な状況から離れてきているのではないかということである。そうだとすると、自ずから、西欧諸国で見られたような長所も、弊害も出てくる。

長所は明らかであろう。例えば、親（多くの場合は母親になってしまうが）の学校への参加は、子どもにプラスであり、特に低学力層やマイノリティ層等の教育環境が厳しい児童生徒にとっては必要だとする研究は多い（Winters 1993；Epstein and Sheldon 2002）。同時に、階層の視点から、無批判に学校参加を奨励することに警鐘を鳴らす研究もある。日本では階層差への視点が弱いために見逃されやすい視点であり、ここで紹介しておく。この種の主張の代表的論者の一人ラロー（Lareau 2000）によると、親の参加を求める教育イデオロギーが存在し（つまり、熱心な親は学校に参加する）、それを求める活動が組まれているところでは、親の活動への参加が向学校的な行為として評価される。しかし、こうしたイデオロギーを学校と共有し、仕事の融通がきくために学校参加をしやすく、学校に来ることに抵抗を感じないのは中産階級の親が多い。低所得者層の場合は、仕事時間の融通がきかず、また考え方としても「学校にまかせる」発想が強い傾向があり、自分自身の学校経験から教師と気軽に話ができないので学校から足が遠のく等、参加しにくい条件がそろっているという。かつてのアメリカにおいては、むしろ「学校にまかせる」発想の方が学校に求められていたのであり、こうした親に求められる行動に関するイデオロギー自体、社会的な産物であり、権力や格差の問題と不可分なのである。学校参加はまた、中産階級の親が親同士の情報網を手に入れ、学校の様子を理解したり、より優位に立っていく手段ともなりうる。つまり、親の学校参加を前提とした仕組みが階層格差を広げる装置ともなりうる（Lareau 2000）。こうした警鐘を、一億総中流意識の時代が終わった日本もまた、耳を傾ける必要があろう。

第三に、海外における日本の母親の協力度の高さの象徴として出てくるのが手作りお弁当と手作りグッズであるが、こうしたものを求める教育視点とは、どのような母親像を前提としているのか、という問題もある。手作りのものを作ることによって家庭の愛情を感じる、ものを大切にすることを学ぶというような、手作りグッズを支える論理は、性別の役割分業観をかなり色濃く残した中で、〝手間をかけた育児〟とはこのようなものだという前提を基にしているように見える。

かつて、筆者は前述の育児書の国際比較を行った際、同時にアメリカ政府の育児冊子を一九〇〇年代の初めから追ったことがあった。そこにおいても当初は、主婦業に徹した母親が前提とされ、ピカピカに床をみがき、規則的に授乳を一回たりとも忘れないでこなすような、いつでもどこでも家族のことを考え、主婦業に徹しているような母親像が描かれていた。だが、生身の母親はそうした完璧な母親像とは異なり、むしろ完璧な母親像を真に受けるとそれと実態とのギャップに苦しめられる存在である。アメリカの研究者が、日本の幼稚園での手作りグッズやお弁当作り等を描く時に懐疑的な口調になるのは、一方では日本の学校が親に対して要求しすぎであると感じると共に、他方では、その中にかつてアメリカでも見られたような、伝統的な性別役割分業観の存在を重ね合わせるからではあるまいか。

今、日本では幼児グッズのホームページには、「格安」な「手作り」入園グッズ専門店の広告まで出ている。本来イデオロギーとしては対立的な、手軽に手に入れる「格安」な市販グッズと、「手作り」の母親の愛情たっぷりグッズとを結び付けているのは、愛情グッズを献身的に作るような母親をめぐるイデオロギーと、現実とのギャップであろう。

4　小学校以後の人格の形成

さて、今度は小学校に目を転じると、外から見た日本の小学校教育は、就学前教育では萌芽的に見られた様々な〝日本的〟特徴が、ある意味では結晶していくプロセスである。日本の就学前教育に対する評価は高く、小学校の教育もしばしばモデルとして掲げられてきたことは前に述べた（Duke 1986；Lewis 1995）。中学校と高等学校も、国際学力テストの高さに象徴されるように、学力レベルは高いとして、その面ではモデルとされる（第Ⅰ部）。ただし、欧米から見ると日本の中等教育は受験地獄の真っ只中にあり、それは問題だとされやすい。他方、日本の高等教育はアジア諸国に対してはモデル性を持つかもしれないが、自国の高等教育が世界一だと自負しているアメリカの研究者にとってモデルとはなりにくい。日本の教育は下に行くほど優秀（逆に言うと上にいくほど問題がある）というのが、総合的に見た場合の海外の評価であろう。

さて、小学校における教育も、就学前教育と同じように共同性、集団性、社会性の育成システムだとされてきた。その中でも国際的にアピールを持つものに、全人教育がある。

今日、青少年を取り巻く環境が変化し、従来は公立学校の役割は知能領域だとしてきたアメリカでさえも、社会性や情緒的な発達等の人格形成的な問題を学校もまた体系的に対応しなければ、子どもの健全な成長はありえないという声が上げられるようになっていることは第Ⅱ部の冒頭で述べた。後述するアメリカの「人格教育」(character education) の台頭はこうした表れの一つである(第Ⅲ部)。また、国によっては宗教教育がリバイバルされたり、ヨーロッパ等でも価値教育としての市民性教育も台頭している。

人格教育のモデルとして日本が海外で言及されることは多くないが、人格形成面において、日本のモデル性を早くから主張してきたルイス (Lewis 1995) は、狭い意味での勉強よりも、友達を作り、頑張り、元気に過ごし、自分のことは自分でやる等の、人格形成的な関心が初等教育において日本では強調されていることの利点を力説してきた。子どものクラスや学校への愛着、所属感があるからこそ、学級や学校の目標を子ども達が自分達の価値として受け入れ、張り切って勉強ができるのだと主張したのである。こうした学力本位でなく、全人教育志向によってその場への所属感や満足感等が学習の上でも効果があることは、欧米の心理学者の研究によって支持されている内容であるとルイスは指摘する。

集団への愛着や所属感、そこに居場所を見出せる安心感が狭い意味での勉強に先行するのだというメッセージは、今日的状況の中では説得力を持っていることは既に述べた。それはまた、次に見るように、所属感を持ちうるような親密な集団のあり方や対人関係をいかに作るかにも関係している。

5　顔の見える学校

今日、子どもをめぐる様々な問題が噴出する中、狭い意味の勉強だけでなく、あるいは、それを達成しようとする場合においてさえ、周囲において、その子どもを見守り、気にかける大人たちの存在、共に仲間だと感じる友達、つまり、顔の見える対人関係が大切だという「小さな」学校作り研究がアメリカで出されるようになっている（Association for Supervision and Curriculum Development 2001；Cotton 2001；Raywid 1999；Wasley et al. 2000）。学校を小規模化しようとする方法は、小さな学校、つまり、スモール・スクールズ（small schools）を設立するだけでなく、学校の中に顔の見えるユニットを作って子どもの成長を見守ろうとする（schools-within-schools）試み等も含まれるが、いずれにせよ、顔の見える関係を再評価する流れであり、アメリカ全土で見られる。アメリカ政府の「より小さな学習共同体を作る資金」（Smaller Learning Communities）やビル・ゲイツの民間の資金（Bill & Melinda Gates Foundation）等の資金的な後ろ盾も得ている。

スモール・スクールズとは、単なる規模の問題ではない。例えば、アメリカの大規模で匿名的な対人関係が蔓延する高校の現状を批判したベストセラーを書いたT. サイザー（Sizer 1997）が中核になって設立された組織（Coalition of Essential Schools）にスモール・スクールズ・プロジェクトがあるが、そこにおいて、効果的なスモール・スクールズとして次の特徴があげられている。①小規模である（四〇〇を普通超えず、二〇〇あたりを目指す）、②自立している、③焦点がはっきりしている（何でもかんでもでない）、④パーソナルな対人関係が成り立っている、⑤底上げしつつ全体を上げる平等主義にのっとっている、⑥複数の評価指標を用いる、⑦家庭との連携を積極的に行う、⑧多くの場合は、コミュニティに開かれた、自発的に選択された学校である[1]。

それは、あちこちの授業をショッピングモールのように選択し（Powell et al. 1985）、受講生がお互いに誰かもよくわからず、教師の方も生徒の顔を覚えられないような大規模高校と違い、一定の共同体の中に子どもを位置付けようとするものである。そして、スモール・スクールズ関係の研究は、学力底上げ効果、所属感の向上、安全性の確保、部活動参加率の向上、親の参加や満足度の高さ、教師態度や満足度の高さ等に関して、スモール・スクールズが一般の学校に対して優位であることを主張している（Cotton 2001）。大人が自分のことを名前で知っていて、自分のことを気にかけ、成長することを期待していると知ることが、子どもの動機付けとなるのである（Powell 1995, III）。これは、前述のように、アジア系の家族が総体として行っているとされる（教育熱心な大人との共感、期待に応えることによって学習へと向かう）ことに非常に類似している。

伝統的な共同体は、そもそもが顔の見える密接な対人関係にのっとっている。しかもその関係が地域での関係へとつながっている。日本人にもお馴染みの、「大草原の小さな家」のドラマに登場するような学校であったならば、親と教師、親同士がお互いの顔を知らないということはありえない。人数も少なく、地域の対人関係の延長上に学校の対人関係があり、逆に、それに縛られ、地域でのある子どもの家族の地位が、その子どもの学校での位置付けにも関係してくる。つまり、密接な対人関係から来る対人関係網の強さと、地域での親の位置付けから逃れられなかったり、対人関係が学校と地域がかぶさるだけに四六時中その対人関係から逃れられない不自由さとが一対になっている。

一方、大衆化された、匿名性の高い学校（その象徴としてのアメリカのハイ・スクール）では、生徒は自由を獲得し、かつてほど自分の出自によって左右されることはない。その大衆社会的な自由の理念を推し進めたアメリカの総合制高校では、商品のように並ぶ多種多様な授業から選べる。しかし、大衆の中に埋没し、生徒からも教師からも疎遠となり、対人関係や、授業で獲得する知識も、コマーシャルのように、細切れになる危険性を孕んでる。

前者は伝統的な共同体のモデルであり、後者は大衆消費社会のモデルである。では、日本の学校モデルはどうなのか。日本は以下に見るように、擬似伝統的共同体モデルではないかと思っている。つまり、共同体的な状況を作り出している（例　小集団による協同作業）ものの、外部条件は都市化し、流動化し、共同体の条件は保っていない。学校選択がより広範囲で行われるようになれば、地域と学校は一層つながらない。また、宗教的な信条等によって結ばれている共同体でもない。だが、伝統的な共同体的特徴をいくつも持っている。

6 〝絆〟の教育

日本の育児が〝絆〟の育児ならば、日本の教育をもまた、〝絆〟の教育と呼びうることが指摘されてきた。例えば、日米の教師文化を比較した島原ら（Shimahara and Sakai 1995）は、日本の教師が〝絆〟に基づく情緒的な関係、全人的なかかわりを好むのに比べて、アメリカの教師は児童からの距離が遠く、また教師の権威で子どもを統制していると主張した。基本的に保育園でも観察されてきたパターンが、よりフォーマルな形で指摘されているのである。

アメリカ・パターンは、教師が自らの、教師としての権威を用いてリーダーシップを発揮し、ルールを遵守することによって学級経営を成り立たせようとしている。他方、日本の〝絆〟による統治は、子どもとの対人関係を築くことによって学級経営を行おうとする。後者では、集団の圧力、仲間による圧力（ピア・プレッシャー）が積極的に学校目標を推進するために活用されることになる。一方、前者では、教師の個人的統率力に頼る部分が多く、教師がリーダーシップを持って統制できているかどうか（in control）が教師の評価に直結している。それゆえに多くの欧米の研究者が、日本の小学校の教室がにぎやかであるにもかかわらず、つまり、教師が統制できていないように見えながら、カオス状態になっていないことに注目してきた（Tobin et al. 1989；Lewis 1995）。

つまり、学級崩壊していない限り、日本の小学校のにぎやかな教室は、統制が行われていないのではなく、子どもが学校目標を内面化し、お互いに規制しあうことを期待する、間接統治の仕組みの中で起きているということになる。あるいは、対人関係の密接さによる、〝絆〟による学級経営を目指すため、日本の小学校では一般に子ども同士の会話がアメリカほど抑制されない（Tobin et al. 1989）。また、〝絆〟は、全人的関係の中で築かれるため、教師が、本来は、勉強の場面だけでなく、遊びの場面も、全人的関係を築いていくことが理想だとされている。これは、質問に対する答えや討論での意見を述べることは奨励されるものの、隣を助けたり、話したりは奨励しないアメリカ型と異なる（Tsuneyoshi 2001）。

だが、近年、欧米でも、二十一世紀の知識社会では多様な人々と交渉したり、協力していくコミュニケーション能力が必要だということになり、グループで協力する協同学習（cooperative learning）や、ペアで授業の一部を誰かと協力する教授法が好まれるようになっている。だが、この場合の特徴は、何よりもそれが、①勉強を対象にしていること（日本の場合は勉強以外の掃除その他の場面も多い）、②かなり体系的なステップによって構成されていること（日本の場合は、幼少から練習すれば自然にできるようになるという前提に立っている）であろう（恒吉 1999）。つまり、全人的な〝絆〟を前提にした関係の中で現れてくるのではなく、協同的な学力向上の教授法としての側面が強いということである。

7　繰り返される間接統治

そして、就学前教育同様、〝絆〟の教育はまた、間接統治の仕組みの中に組み込まれている。この点において、第二世代の代表的論者ローレンが日本研究の学会誌である日本研究ジャーナル（Journal of Japanese Studies）の一九八九年号において、示唆に富む論文を書いている。これは、T. ローレンがまとめ役になって、第一世代ではあれほど活発な研究テーマであったにもかかわらず、関心が下火になっている日本の幼児教育と再び向き合おうと組織された会議で発表された論文をまとめたものである。筆者が院生だった頃の博士論文の審査委員の一人であり、後に共同研究もしたS. ブーコックは当時、ここに参加していたため、筆者も会議の様子を聞いていた。T. ローレンは一九七一年に文化人類学で博士号を取得した世代であり、前述のデボスから見ると二十年の年月の差がある。筆者の世代とも、一回りずつサイクルが違っている。

ローレンは、問題の所在を端的に説明している。日本では、就学前教育から小学校へと進むにつれ、より多くの事柄がルーティン化され、やがて「高度にルーティン化された秩序」（intensively routinized order）を形作るようになる（Rohlen 1989, p.21）。こうしたルーティン化によって、保育者・教師は一歩下がったところから間接統制することができるようになる。さらに、保育者・教師はまた、子ども同士の仲間による働きかけ（peer pressure）能力を育てようとする。子どもの集団に対する責任の理解や集団性が育つのを根気強く待つため、保育園、幼稚園の一日は、一方では一部に高度に秩序だった活動があり、他方では、アメリカの保育者が見るとカオスだと説明するような状態になるという一見矛盾した状況を示すようになる。また、仲間集団（ピア、peer）の働きかけを育成しようとするため、けんかが起きてもすぐには介入せず、仲間の中で解決する力を育てようとしたり、一部の子どもの問題であっても、クラス全体の問題として扱うことによって仲間集団の働きかけを促したり、集団責任を問うたりする。そして、この基本パターンは、小学校はもちろんのこと、以後、成人した後の工場の現場においても繰り返される。あるいは、逆に、日本社会の基本パターンであるため、就学前教育でも、それ以後の教育でも見られるのだと言い換えることもできるとローレンは考えている。

いずれにせよ、〝絆〟の教育は、人格形成期である就学前の段階においても、小学校においても、日本の教育を特徴付けるとされてきたのである。そこにおける権威は〝絆〟によって覆われているために、たとえ、教師――児童という上下関係にあっても、権威者の権威は見えにくい。外からの視点は、こうした全人的関係を志向し、共同体としての温かさを持つ日本の教育のあり方を評価する声と同時に、ルールによる直接統治が局所的（そのルールを破らなければ罰はない）な集団統制であるのに対して、権威者が表立って抑えるのではなく、仲間の対人関係を用いた〝絆〟の間接統治が偏在的な集団統制であり、情緒的な関係によって結ばれているために、もしかするとルールによって抑えつけられるよりももっと反抗しにくい怖さを持ちうることを、感じ取っているように見える。そして、前の章で見たように、こうした〝絆〟によって「自発的」に同調していく、意に沿っていく方向付けは、日本のしつけの特徴だとされてきた〝絆〟の育児にも通じるのである。

注

（1）こうした主張は、スモール・スクールズ概念の推進団体のホームページでも主張されている（〈http://www.smallschoolsproject/org〉、二〇〇七年八月現在）。こうした、研究を土台にするとされる実践や主張が、保護者や教師に広くアピールしようとする時に、インターネットは今日欠かせない手段となっている。

第六章　〝絆〟のしつけと教育の危機

1　個人と社会の均衡の変化

今日、日本で見られる子どもをめぐる問題状況は、他の欧米先進諸国と似たような社会的変化を伴うものであり、共通したものが多い。そして、それらを概観する時、とりわけ日本の従来の方法や慣習、理念の根幹を揺るがすものがある。無論、従来のあり方の根幹を揺るがすものが全て好ましくないわけでもない。むしろ、揺るがす必要があるものも多々ある。従って、本書の趣旨からすると、従来の日本型のしつけ・教育モデルの中で、国際的に見て時代状況の中で評価されるべきものを持つとされながら、今日その土台が揺らぎつつあるものが焦点となろう。

では、この意味で日本型のしつけと教育モデルの根幹にかかわるものとは例えばどのようなものだろうか。ここで前節までの議論を少し要約すると、しつけに関しては、日本の大きな特徴は、母子関係を軸として〝絆〟を強調し、共感によって相手の気持ちを汲んで子どもが「自発的」に期待に沿うようなリモートコントロールだとされてきたのである。直接的に統制したり、批判したりするよりも、内在的な罪悪感や〝絆〟を通して秩序を実現していくというスタイルである。

一方、就学前教育、そして、小学校へと続く傾向として、海外の第二第三世代の日本研究者を通して主張されてきたことは、そこが群れの教育、集団への「自発的同調」(Tsuneyoshi 2001) を学ぶ最初の場だということである。それゆえ、子どもが集団に属することで喜びを感じ、所属感を持つように様々な工夫がなされ、家庭同様、間接的な統制が好まれて使われる。つまり、教師が権威者として子どもに同調を求めるよりも、子ども同士の話し合いや、やりとりの中、集団の中で解決していく能力を獲得していくことが望まれるのである。早くからルーティン化による習慣付けが進められ、その結果、教師は自ら指揮をとらなくとも「いつも通り」活動が進むことを期待する。班を初めとする小集団が勉強でも他の活動でも活用され、集団への帰属意識や集団単位での思考を深めようとする。例えば、班で起こったことに対して集団責任を問題にしたり、集団単位でポイントを稼いだり、小学校では学級経営の一環として、様々なクラスの仲間の問題が、クラス全体の問題として捉えなおされていく傾向がある。こうした集団性育成を柱とした学校の仕組みの外側には、「協力的」だとされる保護者が想定されている。つまり、クラスの集団性や協力的な保護者の存在は、日本型のしつけ・教育モデルの根幹にかかわる部分であり、こうしたものが変化していくことは、従来の日本型モデルを支えた前提条件が崩れるという意味で、モデルにとっては極めて危機的だということになる。

これらの複合的な問題に全て触れることはできないが、ここでは、集団性、共同性、社会性の危機に関係した、〝絆〟の教育を支える外部条件としての家庭――学校の関係の変化とそれが日本型教育モデルに提示する課題、そして、〝絆〟のしつけ自体の変化に触れたいと思う。

2　家庭と学校の断絶――「協力的」な家庭の終焉

〝モンスターペアレント〟の時代?

今日、日本型しつけ・教育モデルの根幹にかかわる最大の危機の一つに、家庭と学校の関係の変化がある。前述のように、国際的には日本の親（母親）は、教育熱心で学校に協力的であることで知られてきた。それは、学校経営に積極的に関与するとか、教室の教育補助者として教室に参入してくる等の意味で協力的なのではなく（制度的な制約もあり）、むしろ、受け手として、学校が期待することに沿うように努めるという意味で協力的だったのである。そこには、教師や学校が家庭に対して優位を保ってきた日本の状況がある。

こうした、学校の権威を損なうことなく、静かに協力する母親像が、児童生徒と教師を全人的に覆う日本的な学校共同体を背後で支えている存在だったのである。共同体を支えることを期待されながらも、親（母親）達は、直接、その共同体に組み込まれているわけではない。授業参観やお知らせ、場合によってはボランティアとして共同体に一瞬参加するだけなのである。学校経営に対して発言権があるわけでもなく、学校は自分の論理で動いていて、学校から情報がそれほど伝わってくるわけでもない。それでも文句も言わないのが従来観察されてきた多くの日本の家庭だったのである。

こうした状況においては、学校・教師側に対して親が不満を持つ場合にも、それを伝えられない、あるいは、伝えても「言い損」になっていくような、子どもや親の権利が保障されない問題の方が、教師が理不尽な親のクレームに対して守られているかよりも重大な問題であった。保護者・生徒と学校との力関係で言うならば、均衡としては後者に大きく傾いていたのが従来の日本であり、一部の問題のある学校・教師から前者の権利をどう守るかがむしろ課題であったわけである。だが、こうした、学校・教師が守られた環境は、逆に、大半の誠意ある教育者が、怪我等のリスクが多少あっても、「教育的」な活動に専念できることを意味していた。それが結果的に日本型を支え、多くの子どもにとって教育的効果を上げるという面もあったと思われる。

だが、欧米諸国に続き、日本でも家庭と学校との関係が変わってきたことが社会問題化するようになっている。例えば、港区が区立の幼稚園、小学校、中学校への親によるクレームやトラブルに応じるために学校を助言する専門の弁護士を設置し話題になったことは記憶に新しい。学校に要求を突きつける親が増えたことが、テレビの特集でも取り上げられている。中には、理不尽な要求を学校にしてきて問題を起こす親がいるとして、彼らを指して、「モンスターペアレント」の名称まで登場している。こうしたことは、日本もまた、保護者と教師との関係において、他の先進国と同じような変化に見舞われていることを思わせるものである。教育再生会議の第二次報告でも、「学校問題解決支援チーム（仮称）」の設置が提唱されている（教育再生会議 2007）。

今日の教師と保護者の関係を見ると、地域差はあるものの、そもそも、小学校でも中学校でも、保護者と教師との関係は授業参観か個人面談以外にあまり話す機会もなくなり、幼稚園でもバス通園の場合はバスに乗せて終わりである。親が集まれば教師の悪口になり、教師側はこの頃の親は自分の子どものことばかり考えているとか、私語をするとか、お互いに不満を持つ構造は、日本全国で繰り広げられている。歯車が合わないというよりも、歯車が出合わないのである。歯車が出合わないまま無理難題を要求する親が話題になっている。教師の権威も、社会のあらゆる権威同様、低下傾向にある。教師と保護者は一番根底においては、同じ子どもの教育と育成という、共通目標を分担しているはずが、利害対立だけが意識されるようになっている。マスコミによっても、教え子に猥褻な行為を繰り返す教師がセンセーショナルに報道され、学力低下も公立学校の教育の失敗と結び付けられ、公教育に対する信頼も揺らいでいる。

とは言うものの、例えば、以下に例示する英米に比べると、日本の状況はまだ抑制されているのであろう。しかし、今の日本社会の方向性が変わらないとすると、諸状況から考えて、今の英米で起きていることは、明日の日本が直面する問題である。そして、こうした学校と家庭の関係をめぐる根本的な変化は、教育分野だけの現象であるはずはない。クレーム社会、訴訟社会、教育がサービス化する教育消費社会等、より大きな社会の潮流が、教育という場を通じて出てきたに過ぎないので根が深い。教育は社会の動きを反映する鏡のようなものであるからだ。

英米の例に見る明日の日本

次にあげる英米の例は、過去の教育を取り巻く条件（例 教師に対する尊敬が高い）を想定した仕組みが、有効に働かなくなっていることを訴えている。例えば、イギリスの全国的教職員組合の一つNASUWT（National Association of Schoolmasters Union of Women Teachers）は、生徒や保護者に不当に訴えられる教師の人権を守ろうと、キャンペーンを繰り広げてきた。教師のことを、生徒が悪意を持って追い詰めようと嘘の証言をしてでも訴えるケースが増えていることが社会問題化しているのである。例えば、二〇〇四年から過去十年遡った数字で、組合員に対して一七八二件の虐待（abuse）の申し立てがあったにもかかわらず、その内六九件しか有罪にならず、根拠のない訴訟が多いのではないかと組合はしている。そうした中で、教師の方は犯人扱いをされ、取り調べられ、マスコミで騒がれて、レッテルを貼られて学校を去ることが多いのに対して、生徒の方は平然としていられるのは不公平だとしている。組合は、訴えの真実性が証明されるまでは学校が教師の匿名性を守り、調査を急ぐこと、十八歳未満の生徒でもその生徒やその親を逆訴訟できるようにする、嘘の証言をした生徒を退学にするべきだ等の要求を出してきた(1)。

「落胆させられることではあるが、あなたが子ども相手の仕事をしていたか、している場合、あるいは、青年や弱者的立場（vulnerable）にある人、依存状態にある大人相手の仕事をしていたか、している場合、人生のどこかで、虐待をしたという嘘の訴えをされる可能性が高い。あなたはあなた自身、あなたの家族、そして、教師という職業を守るために、今（NOW）何かをする責任がある」。これは、自身が性的虐待をしたという生徒の嘘の証言によって教師生命を絶たれた元校長が代表となって運動しているある団体（嘘の訴えをされた教師のためにFalsely Accused Careers and Teachers, F.A.C.T.）の声明である。(2)

つまり、学校に押しかけたり、電話攻勢をかけるモンスターペアレントのみならず、特定の先生を陥れようとする悪意のある生徒の嘘によってそれまでの教育者人生が狂っていくという、直接対決を挑むモンスターチルドレン、モンスターステューデントとどう戦うかがイギリスで社会問題化しているのである。

こうした訴訟社会、補償社会（compensation society）での訴訟・クレームに対する恐怖は、子どもの様々な活動に対して、責任を負いきれないと思う関係者がリスクのある活動から手を引いていく結果となっている。例えば、イギリスの前述の教職員組合NASUWTは、二〇〇四年に組合員の教師が付き添っていた課外活動で子どもがおぼれて訴訟を受けたことをきっかけとして、「（イギリス）社会はもはや純粋な事故という概念を受け止められないらしい」として、自らを訴訟の危険性から守るために、学校の外に出る課外活動（スクール・トリップ）を全て停止することを組合員に助言した。組合は既に、あまりにも訴訟事件が多いために、自家用車に子どもを乗せないこと、子どもと二人きりにならないこと等を組合員に伝えている。冒険的な要素を含むアウトドア活動を支援してきた子ども団体が、保護者からの訴訟に備えた保険料負担が年間で倍増する中で、活動から撤退していくことも問題となっている。

一方、訴訟社会の話題になると訴訟文化輸出の元凶と言われがちなアメリカでも問題構造は似ている。

「わが国の裁判所で真実の公正を」と一九八六年に立ち上がったアメリカ不法行為改正協会（American Tort Reform Association）によると、大半のアメリカ人がどうでもいい訴訟があまりにも多すぎると感じている。そして、協会の一九九九年の初等・中等教育校長調査によると、六五％が訴訟を恐れるために学校が提供する活動が変化したと答え、その中には、体育、休み時間、ダンスや課外活動等の学校の定番だった活動が含まれている。回答した校長のうち、二五％は過去二年間に実際訴訟、ないし、法廷外での和解を経験している。訴訟を恐れて、抱きしめたり、教師が子どもと身体的に接触することを禁じている校長も一五％もいるという。だが協会によると、これは、教育に限られた問題ではなく、過去五十年で、GDPを二〜三％ポイント上回るペースで不当な訴訟にかかる費用が増えているアメリカ社会全体の課題でもある。(3) こうした団体は一定の目的を持って活動しているだけに、その意味でのバイアスが指摘されているが、アメリカの学校が、訴訟の心配をする教育現場になりつつあることはうかがえよう。

図表6-1　生徒の権利に関する訴訟例

自分の学校に対して、コロンバイン高校で起きたような攻撃（大量殺傷事件）をしかけるとパーソナル・ジャーナルに書いたあるテキサス州の高校生に対して学校が注意したことが、生徒の表現の自由の侵害に当たらないとの判決が下された（U.S. Court of Appeals for Fifth Circuit, 2007年11月20日）
ニューヨークの地方裁判所で、ある小学生が授業外でイエス・キリストがいかに自分の人生に影響を持ったかを書いた個人的声明文をクラスの仲間に配りたいという要請を学校が拒否したことをその子どもの表現の自由に反すると判決が下された（2007年3月29日）
ブッシュ大統領に批判的なメッセージにドラッグやアルコールをイメージさせる絵や文章をプリントしたTシャツを着ている男子生徒を教師が注意したことが、生徒の表現の自由を侵したと判断した（U.S. Court of Appeals, 2nd Cir. 2006年8月30日）
同性愛者の同好会（Gay Straight Alliance Club）に、他の課外活動と同じ認知と権利を与えるように、フロリダで判決が下りた（Federal district course, Fla. 2007年4月6日）
自分の教師が銃撃されるIMアイコン（instant messaging icon）を作成した生徒の停学が正当であったとの判断が下された（U.S. Court of Appeals, 2nd Cir. 2007年7月5日）

出典：NSBAのホームページから、〈http://www.nsba.org/site/page.asp?TRACKID=&CID=487&DID=8770〉、2007年1月入手。

上記の図表は全米教育委員会協会（National School Boards Association）が最近の生徒指導に関係する訴訟事件としてリストアップした中からのいくつかの例である。教師が訴えられかねない問題が複雑であり、かつては訴訟を想定しないでよかった場面でも訴訟に持ち込まれている。こうした訴訟の存在自体が、現実に訴訟される確率から予想される以上に、教育者の不安感を募らせる働きをしているように見える。また、マスコミの発達した今日では、センセーショナルなケースはすぐ人々の知るところとなる。

こうした一部生徒や保護者からの敵対的攻勢に対して、教育者側は、教師の人権を守る法律を作るロビー活動をしたり、教師が生徒や保護者を逆訴訟する、万一の事態のために教育委員会等の補償だけに頼らず、個人として各種訴訟保険に加入する等、生徒・保護者と同じ戦術（人権の保障、訴訟）を取ってきたように思える。だが、当たり前のことだが、問題教師が少数派であるように、実は、こうした嘘の証言をしたり、行き過ぎた行動に出る親も少数派なのである。問題は、大多数の誠実な生徒や保護者の権利をいかに守りながら、同じく大多数の誠実な教師をどのように守るかという、二律背反になってはいけない関係の両立の問題なのである。大多数の子どものことを考えている保護者や教師は、こうした一部の保護者や教師の行き過ぎたり、問題のある行為が、全体の教育の質を損なっていることに、むしろ困惑しているのである。

あるアメリカの中等教育の教師と保護者の調査によると（Public Agenda 2004）、七八％の教師が、今の生徒があまりにも早急に自分達の権利を主張したり親が訴訟を起こせることをちらつかせると答え、ほぼ半数が、生徒を不当に指導したと親に非難されたことがあると答えている。だが、約七割の教師と保護者は生徒が指導を受けた時に実際に訴訟を起こすと脅すのは、一握りの親だと考えている。ただ、八五％の教師と七三％の保護者が、この一握りの問題を起こす生徒によって他の生徒が犠牲になっていると答えているのである。こうした状況を生み出しているのは何か。「生徒に規律を教えることができない保護者」と「権威を敬わない風潮」が、教師と保護者共に過半数によって指摘され、「主張が激しい保護者からの訴訟を怖れて譲る学区」や「家庭のバックアップを期待できないとしつけを緩める教師」等も教師の回答では半数を超えていた。

日本型共同体モデルと保護者

こうした数字に表れて来る英米の状況は、アメリカの学校観察をしていて実感として伝わってくる。特に若い男性教師の場合は、セクシャル・ハラスメントの訴訟を怖れて、女児には一切、体に触れないようにしている人にも会う。「たとえ嘘の証言であっても、一つの訴訟でキャリアが終わりかねない」と彼らは言う。実際に、嘘の証言によってマスコミに騒がれ、教師自身のみならず、家族が平穏な生活を失った人の例を彼らはあげることができる。日本を訪れるアメリカの教育者を日本の小学校に連れて行くと、そこでは、若い男性の先生の腕に女児がぶら下がったり、ペタペタくっついていて驚かれることが多くなった——「あんなことをさせていいのか」と。

だが、日本でも、かつては想定しなかったトラブルが家庭と学校との間で増えるにつれ、対策を講じる教育委員会も増えた。教育委員会に親に対応する嘱託職員を置いたり（奈良市、岐阜市）、臨床心理士と協力して対応する（江東区）、研修を行う等、各自治体は親の対応に神経を使うようになっている[4]。また、教師の保険加入も話題になっている。

これらはどれも、現状に対しての対策として余儀なくされているものであり、欧米で取られてきた措置に似ている。だが、同時に、大きな社会の流れとしてクレーム社会、訴訟社会の傾向が深まれば、保護者の〝理不尽な〟（理不尽だとだれが決めるのかの問題もあるが）クレームが問題化している現在の過程の次には、今度は生徒自身から教師が訴えられる現象がより社会問題化することを英米の例は示唆しているように見える。日本型の教育モデルが全人的な教育を志向しているということは、勉強以外の教育的活動が多いということである。これは、前述のように、社会性が現代社会で問題となる中では、時代的なモデル性を持つ。しかしながら、中学の部活動、小中の学校行事、体育、遠足、休み時間、総合等は、どれも怪我のリスクを伴うものである。それゆえ、クレームや訴訟への恐怖によってリスクのある活動を回避する傾向が強まると、全体の日本型モデルに与える影響は、もともと公立学校が勉強に特化する傾向があるアメリカの場合以上の影響を持つと思われる。

3　リスク回避社会の子育て

筆者がある調査で教師のインタビューをしている時、教師が、自分の子どもが「かわいくない」と感じている親が増えたと述べた。親（特に母親）がパチンコに夢中になって幼児が行方不明になったり、虐待によって親が子どもを死なせたりすると、決まってこの種の主張がメディアにも登場する。つまり、今の時代、親は、親子のふれあいが不足していて親が自分中心で子どもにかまわなくなった、無責任になったと言われる。反面、欧米でも日本でも、今日の親は子どもをかまいすぎる、「過剰子育て」を行っているとか、過剰に心配する「パラノイド子育て」だとか、一見正反対のことも言われている（Anderegg 2003）。つまり、一方では、親は、子どもに目が向かないと言われ、他方では、向きすぎると言われているのである。

今日、日本のしつけ・教育モデルの根幹にかかわる多くの問題は、他の先進国においても見られる状況であると述べたが、これは育児を取り囲む外部状況も同じである。象徴的な例が地域の安全である。

近年、日本でも、子どもの登下校をねらった犯罪が起きたり、学校の敷地内に不審者が進入して殺傷事件等の衝撃的な事件が起きる中で、日本の安全神話は崩れつつある。学校周辺での子どもの安全が問題になり、児童全員に防犯ブザー付きPHSを持たせる自治体も出てきている。学校で防犯訓練が行われ、子どもは不審者に襲われた時には大きな声を出すことをロールプレイで学ぶようになっている。防犯目的用の子ども用グッズ（例　防犯携帯）も売れる時代となっている。子どもをめぐる犯罪事件はニュースで取り上げられ、我々の情報過多の時代を象徴するがごとく、次々と色々な専門家によって分析されていく。地域に開かれた学校というが、その〝地域〟とは何か魔法のような抽象物ではなく、具体的には〝人〟の集まりでしかない。地域の輪が狭く、どの人の顔も知っている、地域の掟を破ればその帰結が非常に重大であり、一定の歯止めが利きやすい状況では今はなくなっている。〝地域〟には様々な人がいるし、知らない人も参入してくる。〝地域〟を行き交う人々が全て安全だとは限らないのである。

アメリカの小学校観察に行くと、その学校の扉の様子によってすぐその地域の安全性がわかる。地域の治安が悪いところは、要塞のように学校の扉が閉ざされている。無頓着に、子どもが学校の敷地から外界へと気にせずに移動しているようなところは、地域が安全な、中産階級以上のところであることが多い。

二〇〇一年、筆者は、地域の代表等を交えたある東京の自治体の教育懇親会に出ていた。テーマは学校開放。当時は、どこでも学校開放が叫ばれ、欧米先進国から見るとナイーブな学校開放論も横行していた。ところが、そのテーマを扱っている最中に大阪教育大学附属池田小学校に男性が乱入し、教師がいる中で、無差別に子どもが殺傷されるという痛ましい事件が起きたのである。筆者が関係していた区でもすぐに学校は校門を閉ざし、親のパトロールが巡回するようになった。学校の安全、不審者対策が全国的に話題になった。〝地域〟が安全とは限らない、開かれることが子どものためになる〝地域〟とそうでない〝地域〟があって、開かれる内容や開かれ方もまた問われるという、ある意味では当然だが、それまでは必ずしも強く意識しないで済んでいたことを、日本中が突きつけられたのである。

子どもの安全を心配する社会が向かいうる一つの方向は大人による管理・監視の強化である。一人で遊ばせない、おけいこごと等の大人の目の届く場での活動を増やす。安全度の高い場とは、その子どもの保護者なり、責任ある大人が人の出入りや活動をコントロールできるところだからである。だが、この方向性がゆきすぎると、保護者に関してはパラノイド育児に拍車をかけ、子どもにとっては、〝安全な〟大人の管理のもとで、遊びさえも構造化されていく危険性を持っている。

それが学校現場では、保護者や生徒によってクレームがついたり、訴えられる恐怖と一体化すれば、前節の英米の例でも示唆されている、大人の目が届きにくく、身体的な動きが多い活動（例課外活動）は回避されるという流れになる。しかし、こうした守りの路線でばかり考えていると、安全なのは、自分の席に座らせて動かない、教師の目が行き届く授業の場面だけだということにもなりかねない。

英国産業連盟（Confederation of British Industry）元会長のジョーンズ（Sir Digby Jones）が代表のある団体（ＨＴＩ）は、育児におけるこの囲い込み現象を、「コットン・ウール児」（cotton wool children）の育児として批判している。それは、コットン・ウールでぐるぐる巻きにして保護しようとしてかえって子どもの生きる力を阻害するリスク回避社会が陥りやすい育児を指している。この団体によると、「危ない」としてかつての世代が遊んでいたような遊びは学校校庭で禁止され、「危ない」からプールでの背泳ぎはだめ、「怪我をすると困る」ので雪で遊んではだめ、登下校も一人ではだめ、と子どもを囲い込んでしまう社会にイギリスはなっている。こうした育児は、子どもがリスクを背負い、それを自分の力で乗り越える力、企業家的な精神や想像力等が発達する芽を摘んでいるとジョーンズらは考える。そして、リスクを怖がらない社会、例えば、教育現場でも、適正なリスクに対する措置が取られた後には、裁判を怖れることなく教師が必要な活動を実行できる、そうした社会を目指そうと提案している。社会も経済も、リスクを冒すことを怖れない人々によって発展してきたのであり、過度なリスクが生じないように、統制された機会を提供することによって、リスクを経験させることが大事なのだとジョーンズらは主張している（Jones 2007）。

そして、コットン・ウール児的な子育てになる社会条件は、日本にも共通している。一方では、子どもが大人を離れて遊びを経験する大切さ、リスクを負い、それを乗り越える経験の重要性と、他方では、重大な怪我をしたり、犯罪に巻き込まれたりする危険性との間のバランスが問題になっている。それはまた、子どもにかかわる者にとっては、責任を負わせられるリスクをどの程度背負うか、リスクを取ることによって得る教育的メリットと、何かあった時のデメリットを天秤にかけることを意味している。かつては当たり前に使われていた遊具の安全性が問われ、公園から姿を消している。不審者の乱入事件以後、学校が安全に対しても一層警戒しなくてはならなくなっている。学校等の活動で負った怪我に関して、学校も、活動実施団体も、責任を追及される可能性が高くなっている。あるいは、保護者にしてみても、いくら登下校中に誘拐される確率が低いと言われても、一回でも起きては取り返しがつかないと思うのが自然な心境である。安全の確保とリスクを乗り越える経験、監視と個人の自由やプライバシーの確保、こうした共通したジレンマに日本を含めて先進国は直面している。

4　保護者を含む日本型共同体・共生体

こうした、公共の利益と個人の権利の均衡が崩れているように見え、囲い込みの育児、守りの教育になっていく傾向は、日本に限られた変化ではない。そして、こうした問題をより大きな社会の潮流と結びつけ、個人と社会の関係を捉えなおす機運は、各国で起きている。

例えば、公的モラルの低下、青少年犯罪の凶悪化、若者の投票率の低さ、民主主義社会の仕組みに対する無関心や知識不足、自発的集団（例　ボーイスカウト）への参加率の低下等の複合的な社会問題が表面化する中で、社会と個人との関係を組みなおそうとする動きが欧米で出ている。市民性教育（citizenship education）は象徴的な例である。イギリスではナショナル・カリキュラムの中に市民性教育を組み込んだり、アメリカにおいても、様々な組織が市民性教育ガイドラインを出すようになっている。ＥＵでも市民性教育の議論は盛んになっている。あるいは、イスラム諸国におけるイスラムのリバイバル等も、個人と宗教的共同体の関係を問い直している。

個人と社会の関係の捉え直しを求める理論も登場している。例えば、社会の共同的（communal）な基盤が崩れ去ろうとしている社会と、個人の自由を圧迫するほど共同部分が強大化した社会のいずれでもなく、成員に応える（responsive）ものでありながら、個人の権利と社会的責任、自律と共通の利益をバランスした社会を提唱するとしたコミュニタリアン（communitarian）の運動である（Etzioni 1998, p.xi）。その背後には、アメリカ社会のモラルの低下、過度な個人主義に対する危惧とコミュニティ再生への願いがある。

日本においても、様々な取り組みがされ、その多くは欧米で起きていることに影響されている。だが、本書のテーマに沿って言うならば、海外において日本の例が注目されるのは、日本が欧米を単に後追いしているからではなく、代替モデルとしての可能性を示した時であろう。あるいは、後追いしているにせよ、その後追いの仕方が、文化を介在した独自性を持つものとしてそれが発展した場合においてである。

そうした視点から本章の内容を見た時、日本の教育の全人教育志向、対人関係を重視した共同体的な仕組みは、国際的にも高く評価され、時代的要請の中でモデル性を持つことを見てきた。だが、社会性の危機を考える時、それが社会全体の潮流の中で生じているものであるだけに、学校だけで対応できるものでないことは明らかである。そこで大きな軸となるのが学校と家庭の協力であるにもかかわらず、現代日本社会では、その関係が難しくなっていることが今までの議論でもうかがえる。それに対して、様々な政策が取られつつあるわけだが、ここでは、日本型モデルの論理を延長する形での発想を一つ提示する。

日本型の教育モデルは、その内部においては教師同士、教師と子ども、子ども同士の密接な協力体制を求め、〝絆〟の全人関係を志向し、教科外の活動にも意義を見出し、仲間同士の関係を用いていくような、伝統的共同体的な要素を持っている。だが、この共同体には、もう一つの大きな関係者である保護者が直には組み込まれていない。顔と顔を付き合わせる密接な関係を保とうとする学校共同体の外には、お互いに顔が見えない伝達対象としての保護者がいる。だが、例えば、本章で問題になっているような状況は、一部の保護者・生徒の行き過ぎたクレーム・訴えが本来は好ましいはずの教育活動を圧迫する、一部の教師の問題行動が教育者全体の信頼を損なったりしているところが大きな原因の一つである。その裏には、おそらく、正当な理由で学校に対して何かしら伝えたいものがある、大多数の保護者と、誠実に教えている大多数の教師がいる。双方がほうっておいても共通理解で動いていているだろうと思える時代は日本でも終わっている。

子どもの教育と成長を支えるはずの家庭と学校が、互いに疎遠になる時代状況の中、人為的にそれをつなごうとするモデルが欧米でも登場している。それらは、家庭が必要な支援サービスを学校が与えるという、消費者的な発想であったり、特定の学問的枠組みに沿ったものであったりする。そうした欧米での取り組みは日本のモデルになっている。同時に、欧米モデルから出発するのではなく、既存の日本型教育モデルを前述のように共同体から社会的公正の視点を強めた共生体へと開きながら、その共生体の中に教師と子ども以外のもう一つの大きな関係者である保護者を取り込む、日本型の家庭―学校連携モデルを模索する道もあろう。

注

（1） "Teachers Want to Sue Accusing Pupils," BBC News, April 14, 2004 〈http://newsvote.

bbc.co.uk/go/pr/fr/-/1/hi/education/3626805.stm〉、二〇〇八年一月入手）、"Ban Pupils Who Make False Accusations, Union Demands," EducationGuardian.co.uk, April 11, 2007,（〈http://education.guardian.co.uk/print/0,,329774366-118720,00.html〉、二〇〇八年一月入手）。

（2）嘘の訴えをされた教師のためにFalsely Accused Careers and Teachers, F.A.C.T. のホームページにて（〈http://www.factuk.org〉、二〇〇八年一月入手）。

（3）アメリカ不法行為改正協会（American Tort Reform Association）と全国小学校、中等学校校長会による五二三人のアンケート調査（〈http://www.atra.org/about〉、二〇〇八年一月入手）。

（4）「親の理不尽な要求、抗議に学校苦慮……読売調査」二〇〇七年六月十八日読売新聞、（〈http://www.yomiuri.co.jp〉、二〇〇八年一月入手）。

第七章　社会性と日本型教育モデル

1　日本型教育モデルの特徴

今まで見てきたように、個別化され、対人関係が希薄化した社会のしつけ・教育が、先進国での子どもの共通「危機」の一端に数えうる中では、近代化された社会であるにもかかわらず、日本の教育システムが築いてきた共同体的な組織のあり方とそれにつながるとされる〝絆〟の育児は、現代的な時代状況の中では評価される特徴を持っている。と同時に、それは基盤において変化しつつあり、また、変化を求められてもいる。ここでは本章での議論をまとめる意味で、今一度日本の〝絆〟の教育基盤になっている学校の仕組みについて本章の議論との関係で整理する。

① 顔の見える規模で色々な人をわざと混ぜ（男女等を混在）、固定化させ、学級・学校等の集団目標に向かって協力させようとする仕組みになっている

例えば、従来は、日本の小学校の学級は、担任が学級を持ち上がる等、同じ仲間と共に、「学級王国」を築いていたとされる。これは近年、弊害が問われ、教科担任になったり、学年ごとに担任が代わったりしているが、それでも固定度はアメリカ等に比べるとはるかに高い。

中学校においても、小学校のような教師と生徒の一体化された関係はないものの、学級は決まっていて教科の教師が移動することが多く、クラスや部活、あるいは学校単位での活動も多く、志向としてはやはり対人関係を一定に保った共同体的関係が目指されている。

また、学級の中では班を初めとする小集団が組織され、一定期間固定され、係に当番等、協力して集団活動に従事するような仕組みになっている。特別活動の目標自体「望ましい集団活動を通して――（略）――集団や社会の一員としてよりよい生活を築こうとする自主的、実践的な態度を育てる」と意識的に共同性、集団性、社会性を推進している（学習指導要領）。

そして、狭い意味での勉強だけでなく、人格形成をも網羅する全人教育の広い射程が、こうした活動を教育の一環として位置付ける根拠を与えている。中等教育における部活動も地域の自発的な集団と異なり、人格形成の教育目標と結び付けられて理解されてきた。つまり、日本の（小）集団における教育活動は、単に、緩やかな枠組みのもとで協調性を期待しているのではない。意図的に集団性、共同性、社会性を方向付けているのである。「人格形成」の多くの領域が、義務教育では

とりわけ学力と同等に強調されているのである。

アメリカの中学生を見ていて感じるのは、日本に比べて親や教師に対して仲間集団の影響が急に増大し、男女の付き合いも本格化し、大人や学校から離れた空間を得ていく構造になっているということである。日本の方が、放課後は暗くなるまで部活があったり、高校受験があったり、学校的な空間の縛りが利いている時間が長い。こうした、学校空間、学校的なものの範囲の広さは、そこに居場所を見出せた生徒にとって顔の見える関係に支えられた共同体を提供すると同時に、逆に居場所を見出せない者にとっては疎外感が大きい。そこで、いかに全ての児童生徒をその「共同体」に取り入れることができるかが問われてくるのである。と同時に、その「共同体」の存立論理のあり方、どのような論理で「共同体」への参加を求めているのかも問われてくるのである。

前者に関しては、日本の学校「共同体」は、多分に、かつての伝統的村落共同体を思わせる特徴を持っている。「共同的」な活動は原則として全員参加を期待するものが多く、その意味では強制的な性格を持っている。例えば、当番が嫌だからといって、一人だけやらないで済むものではない。「自発的」に、自分の責任を果たすことが期待されているのである。かつての村落共同体では、地縁によるつながりが生活に結びついている中で、村八分になれば村の中で生きていくのが難しかった。前述のピークが、日本で集団に内在する権威に反抗することは、そこにこそ、それぞれの居場所が出来上がっているために、「親切な影の軍団」に立ち向かうようなものだと警告したのも、日本の共同体のこうした面を暗に察してのことであろう。

こうした共同体的価値規範や行動様式が単に生徒だけに求められているのであれば、その縛りは強くない。例えば、筆者は前にアメリカでの協同学習（cooperative learning）の実践について書いたことがあるが、そこでは、小集団が使われ、個人主義的な競争主義に代わる学習方法としてこうした協同的方法が推進されていた（恒吉 1999）。だが、学校の仕組みそのものは競争的であり、教師の対人関係もまた多くの場合は競争的である中では、生徒同士の協同作業はえてして、特定教科の中の、授業中の協同学習活動に限定されている。つまり、児童生徒の行動パターン全体を変える視点からは、縛りが弱い。日本の学校共同体的な仕組みの強さは、児童生徒だけでなく、教師もまた大部屋の職員室に集まり、委員会も全員が分担し、頻繁に行われるという、教師もまた、生徒と同じような共同体的な協力システムのもとに置かれていることにある。つまり、協同活動（というよりも、日本の場合は共同活動）の背後には、共同的な学校が存在するのである。学校空間の射程の広さ、集団への強制力と網羅性が日本の学校システムを特徴付けている。

だが、こうした仕組みはまた、教師の過剰負担につながったり、他を気にせずには（他に影響を及ぼしてしまうので）自由に行動できない煩わしさや、集団圧力から逃れられないことから来る個人の自由や自律の問題について、様々な問題を提起しているのも確かである。特に、多様性が単に横並びのものではなく、序列にかかわることを考えた時、関係が密接な（伝統的）共同体が持ちがちな、排他性と同質性傾向と向き合うことは、日本の共同体的組織全般（例 企業も）の大きな課題となっている。

②「自発的」協調が期待され、集団内の圧力・影響力を用いる

また、日本の小集団活動は、単に小集団で活動することを期待されているのではない。集団の目標や期待される行動を、自らのものとして受け止め、内面化し、〝自発的〟に同調するように期待されているのである。例えば、頻繁な集団での反省会、一部で起きたいざこざも、全体の問題として話し合うような学級運営の方法（特に小学校）、仲間の集団圧力・影響力を用いた行動の方向付け等にこうした自発的同調の論理を見て取ることができる。掃除で手を抜く生徒は、権威（教師）に反抗して、なぜ掃除等、そもそもやらなくてはいけないのかと大人と交渉することは想定されていない。むしろ、まず、集団責任を負わされている他の班の仲間から圧力がかかり、「自分達」で解決できるのが望ましいのである。集団責任であるため、一人が手を抜けば他の人の負担が重くなる仕組みになっている。迷惑をかけているのではないかと気になる仕組みになっている。

欧米で七〇年代あたりから、協同的活動の重要性が認識されるにつれ、前述のように協同学習（cooperative learning）という、小集団を使った学習活動が盛んになってきたが、この活動を進める中で、よくズルをして貢献しない子ども、つまりフリー・ライダー（free rider）をどうするかが問題になる。

これに対しての小学校段階での日本の答えはおそらく下記のようなものであろう。そうした非協力的な子どもを仲間に取り込んでいくのも子ども達にとってよい共同性、集団性、社会性の勉強なのである。また、その非協力的な子どもが自分の非に気付くのも学びなのである。それが、教師の

方向付けはあるにせよ、仲間の中で起きてくることが理想なのである。そうしたことを乗り越えて、班やクラスは一つにまとまっていく。一方、欧米式の協同学習は、集団テストに個別テストを組み合わせたり、役割分担をしてその役割が相互依存的になるように組んだり、仕組みとしてサボれないようにする、一人ひとりの貢献を直接（間接的に仲間からの働きかけを通してではなく）動機付けようとする傾向がある（恒吉 1999）。

より多くの児童生徒が、集団の後押しを想定した「自発的」同調を身に付ける、それが、日本的共同体が機能する前提となっている。だが、本章で見られるように、こうした前提条件は崩れつつある。学校が対応してしかるべき問題（例　セクシャル・ハラスメント）が隠蔽されることが従来型の課題であったとすると、この課題は相変わらず解決されたわけではないものの、他方では、本章で見たような、一部の保護者や教師の行動が、全体の不利益になっているように見える状況が話題を集めるようになっている。所謂モンスターペアレントや以下の給食費未納問題等はその象徴的な例である。

文部科学省の調査によると、平成十八年の十一から十二月に実施した十七年度の調査で、全国の小・中学校の児童生徒の一％、計二十二億円の学校給食費未納問題が生じているという。その理由として、学校側の認識としては「保護者の経済的な問題」が三三・七％であるのに対して、「保護者としての責任感や規範意識」をあげるのが六〇・六％に上った。そして、その補填は、給食費や他の経費を回すことによってまかなわれている（文部科学省 2007b）。あるいは、厚生労働省が二〇〇六年度、全国の保育所に初めて行った全国調査によっても、保護者の四・三％、八十三億円以上の未納があり、また、未納が増えているとした自治体の六五・九％が「保護者の責任感・規範意識の問題」を理由にあげたことが明らかとなった（厚生労働省 2007）。

ところが、海の向こうに目を転ずると、アメリカではもっと前から給食未納問題は話題になってきた。低所得者層には、政府によって給食費の減額や給食費免除の制度が設けられているが、アメリカの未納問題で問題になっているのは、こうした「正当な」理由によって公的援助の対象になっている親達ではない。むしろ、学校から見ると、払えるにもかかわらず、払わない人々である。口座を作り、そこに前払いをする形を求めても、お金を持ってこない、請求しても支払わない、未納を続ける。こうした家庭の子どもに食べさせないわけにもいかない学校が「今度だけ」と給食を出すと、学校が督促を出しても次も、その次も同じ行為を続ける。そこで、取り立て会社への外部委託という、保護者のクレームに対応したのと同じようなパターンが登場してくるのである。

こうしたことを見てくると、いかにして子どもや保護者個々の権利を守りながら、全体の利益を守るか、一定のリスクを背負った後に、本来の教育活動に支障をきたさないようにするか、他の先進国と通じる個と社会のバランスをめぐる問題が、日本でもますます問われる時代となっていることがわかる。

③ 単なる協力ではなく、効率的な協調が求められている

もう一つ、日本の教育モデルの特徴がある。

日本の教室に入っていくと、例えば、地域は異なれども、掃除の時間に同じような掃除の仕方をしている。机を片方に寄せて床をきれいにして、もう片方に寄せてその下をも掃除して……。これは、前述のルーティン化の傾向と関係あるものの、それは単なるルーティン化ではなく、特定の方法でのルーティン化である。前記のような掃除の仕方は、確かに掃除しない部分を作らないという視点から見た場合には効率的である。つまり、日本の子ども達は、単に小集団で協調するように方向付けられているのではない。その協調的活動が、効率的であるように求められているのである。

つまり、日本の教育は、集団への所属感や仲間関係が良好であること、居場所があることが、結果的に学力の向上にもつながるのだという視点を持っている。そして、全人教育的な枠組みの中で、それは正当性を得ているのである。こうした特徴は、前述したような、人の能力をＩＱ（知能テスト）に代表されるような狭義のものではなく、対人関係能力をも含めた広いものであると定義し直しつつあったり、学力の基盤として対人関係の中での安定感が必要だとされるようになっている、他先進国における流れをむしろ先取りしたものである。その意味でモデル性を持っているし、日本人がその長所をもっと意識してもよいものだと思われる。

しかし、同時に、その集団性や社会性、共同性の中身は課題が多く、効率性論理もその一つであろう。そもそも、日本の教育の各所で行われる筆記試験自体がこの発想に支えられている。短時間

にスピードレース的に点数を取ることは、本書の冒頭で述べたように、効率的な勉強や訓練を要求する。効率性とルーティン化をペアにして強調することは、学習スタイルとしては、現在強調されているような知識社会型の学力ではなく、無駄な動きをせずに繰り返し反復するような、大量生産的な産業社会に求められる旧学力により適合的である。無論、効率的にものごとをこなすことや、ルーティン化された作業を仲間とこなすことは、一方では将来的にも不必要なものではない。問題は、それをどの程度他との比重の中で強調するかのバランスの問題である。

④ 同質性を前提とした共同体

もう一つ、現代の時代変化の中で、とりわけ日本の共同体にとって課題となっていることがある。それは、多様性への対応である。

日本の学校は意図的に顔の見える関係を組織の中に作り上げてきたと述べた。対人関係を一定期間固定し、頻繁に接触、協調的な活動が営まれるようにしてきた。日本的な共同体が、伝統的な村落共同体の特徴を多く持っていることもまた指摘した。例えば、原則としての全員参加とそれに向けての仲間の圧力が利用されていること。平等＝同じに扱うという論理のもと、特に小学校においては、全てのクラスの子どもが原則として同じ時間に同じ教育内容を集団内で学んだり、行ったりしている。価値共同体としてまとまりを持たせようとするのも同じである。それは、宗教を共有しているような価値共同体ではない。しかし、日本の学校は、学級共同体としての性格が最も強い小学校レベルにおいては、あちこちでスローガンを作り、学級の目標を作り、学校行事の目標を作り、価値共有に力を入れてきたのである。皆を同じ仲間であるとの認識のもと、クラス全体のペースで進んでいこうとする傾向があるため、底辺部の引き上げに力点がかかり、進んでいる層に関しては、より個別化された指導をしているアメリカの研究者から見ると、「より力のある子どもを引きとめ、遅くさせる」ように従来は見えてきた。

小学校以後ずっと、子どもが大きな学力混合の学級と、より小さい、学力混合の作業グループ（班、M. ホワイトを参照せよ、1987, pp. 114-5）で生産的かつ調和的に協力する必要性を日本のペダゴジーが強調するため、就学前の教師は、根本的な意味で、自分が他の人々と同じであると理解することを奨励することが自分の主たる仕事の一つだと考えている。これには、学習が遅い子どもをスピードアップさせ、励ましながら、時として、クラスのより才能のある子どものスピードを落とす努力も含まれている。先生方は、より力のある子どもを引きとめ、遅くさせることを（子どもの）不利益になるとは考えていない。なぜなら、先生方は、長い目で見れば、子どもは他の人のニーズに対する感受性を高めることや、一見同質的な集団の一員になることで得る安定感によって利するものがあると考えるからである（Tobin et al. 1989, p.25-6）

この平等＝同じを前提とした共同体主義モデルでは、上下の開きが開けば開くほど、そして、明らかにはずれた子どもがいるほど、また、共同体意識が薄れるほど保ちにくくなる。最後の点に関して言えば、日本の従来の義務教育の仕組みは、皆で一定基準の課題を突破していくような形になっている。例えば、わかりやすいので実技の例を出すと、逆上がりを目標にした時、すぐにできた子どもはそれぞれ個別の目標がそれほどない以上、どちらかというと待つ。一方、できない子どもはできるようになおさら練習することになる。これが競争主義的な関係の中で行われたならば、後者は敗者である。むしろ、個人主義的なアプローチをすれば、自分の得意なことを見つけて伸ばせということになり、皆で逆上がりを練習する必要もない。だが、日本の場合、一斉に行うために、課題を早くから達成できた者と、なかなか達成できない者との両端が目立つ仕組みになっているにもかかわらず、目に見える形での勝敗を緩和しているのが、努力を評価し、できないものを励まし、皆仲間であるという、共同体主義である。皆、一斉に同じことをすることが原則であり、これを筆者は一斉共同体主義と別の書で呼んだこともある（恒吉 1995）。

一斉共同体主義は一定の同質性を前提としている。先に進むものを少し待たせれば、あるいは、少し遅れているものに時間をかければ、対応できる範囲のものであり、結果として皆が同じ活動から得るものがあると考えるのである。そのため、見るからに異質であった場合には、一丸となった進行が難しく、枠組みにプレッシャーがかかる。

例えば、日本の小学校で、特殊教育の対象者を別として、一斉指導のパターンからはずれて取り出し指導の対象となった例に、日本語力が不足している子ども達がいる。現地校で教育を受けた帰国子女、より最近は、外国からの子ども達が国語・社会等の時間に取り出し指導されている。日本の学校は教授用語が日本語であるから、それがわからない子どもは明らかにその異質性が認識され、一斉指導の原則に反して、取り出し指導の対象として違和感なく区別されてきたのである。だが、日本語の日常会話がわかるようになったかに見えると、多くの場合、外国人児童生徒の特別な扱いは終わり、「皆＝日本人と一緒」に扱われる。だが、日本語がしゃべれるようになったからといって、こうした外国人の子どもが教科の日本語がわかるわけでもなく、国際移動の経験や民族の違いによってもたらされるアイデンティティの揺れを乗り越えたわけでもなく、日本育ちの日本人と同じ教育・学習機会を享受するためには実は別の扱いをしなければならないことは見逃されやすい。

近年は、日本人児童生徒の内部においても学力の開きが指摘され、また、政策として、一斉共同体主義の牙城であった小学校でも習熟度別指導が算数・理科の特定教科で普及し始めた。その課題は第Ⅰ部で触れたのでここでは言及しない。

2 課題と向き合う

近代化は、それまで人々をつなぎとめていた共同体的なつながりが弱まっていった過程でもある。そして、その伝統的な絆から解き放たれた個人をイメージした時、一方の極には自己利益を追求していくような全くアトミックな社会があり、他方には新しい共同体的なつながりによって人々が集合体として引き止められている社会があり、日本は後者のモデルとしてしばしば「西欧」なるものが陥る危険性のある前者に対抗するイメージで語られてきたことを見てきた。伝統的な共同体から解放されたはずの都市においてさえも、学校で、会社で、共同体的な特徴を持った組織を近代的な目的のために活用してきた、そうした例として日本が描かれている。つまり、教師が勉強においてだけ子どもにかかわるのではなく、全人的にお互いにかかわり合い、情緒的な〝絆〟を築く。顔の見える集団が意図的に組まれているのである。

遅れた子どものために先頭の子ども達を待たせてでも、広い人間形成上の観点から全体の利益を追求すると称された日本の学校の強烈な平等主義（平等＝同じという意味での）。そして、共感し、子どもの受容を求める〝絆〟のしつけ、共同体としての特徴を持つ日本の学校も、今日の時代状況の中である種のモデル性を持っていることを見てきた。共同体を生み出す日本の学校が用いてきた仕掛けは、個別化が大きな問題となっている今の先進国的な状況の中で活用しうる。その一つ一つの要素は、協同学習のような形で欧米でもモデル化されて採用されているものの、全体の共同体（共生体）主義的なモデルの中に位置付いてこそ、その効力を発揮できるからである。

同時に、日本の共同体モデルが直面している課題も多々あった。日本の社会性・集団性・共同性の領域におけるモデル性が注目される時、それは一見、個別化された組織に再び共同性を取り戻させる、新しい共同体と映るかもしれない。しかし、それは、新しい共同体というよりは、近代的な組織の中に、伝統的な村落・家族共同体的な要素を人為的に再現したものという方が妥当であろう。

それゆえ、伝統的な共同体のよさも、課題も抱えている。

最も大きな課題の一つが、日本の共同体が前提としてきた同質性の前提にあるのではないかと思われることは触れた。日本の学校は随所で「思いやり」やそれに類した共感能力に訴えかける言葉を掲げてきた。しかし、これは筆者が国際理解教育の実践にかかわっていた経験からなおさら感じるのかもしれないが、「思いやり」があっても、社会的公正への視点は薄い。

つまり、階層差への視点、民族差への視点、序列を伴う差異への視点が弱いために、平等＝同じに扱うことが、実は機会均等に反するような場合にうまく対応できないのである。公教育の場で、個別化された対応が正当化されてしかるべきは、それが社会的公正にかなう場合であろう。一方、個別対応が序列的競争原理のもとで展開された時に格差拡大の装置になりうることが、第Ⅰ部のアメリカの能力別指導、トラッキング研究によっても示されている。

従来の日本の学校モデルは、一定の同質性を前提として、底上げをしつつ、上は全体に合わせ、対応できることが前提となっていた。そして、実際は異質性よりも、仲間としての共通性を描き出すべき、様々な方法が取られてきた。筆者も別の書で、日本の学校で頻繁に行われているおそろいの物を指定する習慣が、持ち物や洋服に階層差が出ることを抑え、表面上の同質性の演出に寄与していると述べたことがある（恒吉 1995）。

しかし、児童生徒の多様性が開きすぎて同質性が幻想としても維持しにくくなったり、対抗的なイデオロギーによって（個別競争的な、特に市場競争的な）後退しつつあるのが現状ではないか。

また、学校が外部社会と別空間でいられるわけではないことは明らかである。これはアメリカのスラムの学校を見ているとよくわかる。こうした地区の学校では、しばしば、学校の中では不審者が参入しないように学校を要塞化している。学内の暴力阻止に対してもしばしば厳しい規則がある。しかし、学校の周囲にはドラッグの売人がいて、学校は、地域から子ども達を守ることができない。ましてや家庭から守ることはできない。それは子どもの生活そのものだからである。こうした場合、子どもが生活する場を総合的に変えることができなければ、学校が単独で頑張っても、できることは限られている。

また、古い構造を前提とした共同体はもはや様々な場で通用しなくなっている。PTAの役員が決まらない学校が多いのも、母親の意識の問題もあろうが、その活動が平日であったり、就労している母親が多い中であまりにも負担が重かったり、学校との関係が主体的でなかったり、母親の現状に合わなくなっていることもあろう。例えば、学校と家庭を連携しようとしたアメリカの連携モデルの一つ、コーマーモデルの例でも、ネットワーク作りに専念する担当者が派遣される形になっている。その役割を親、あるいは、特定教師のボランティア精神に求めるのは非現実的であり、継続性がないからであろう。

いずれにせよ、今日的課題と常識にかなうような共生体のあり方が模索されているのである。

第Ⅲ部　価値の「危機」

第八章　東アジア的努力パターン

1 「頑張る」文化の子ども達

（アジア系は）より長く、より一生懸命に勉強する……彼らは一週間に六日、一日七時間勉強する（Oakes and Guiton 1995, p.18の引用、アジア系がなぜ出来るのかについての教師の言葉）

右記のようなアジア系（特に東アジア系）生徒のイメージは、アメリカのアジア系移民に対して一般的である（Kao 1995）。様々な国からの移民によって成り立っているアメリカでは、アジア系移民は教育の成功例としてしばしば描かれている。家族ぐるみで子どもを応援し、子どもを一流大学に進学させる保護者と、長時間努力を惜しまずに勉強する生徒の姿がアメリカの大衆的なアジア系のイメージであろうか。もっとも、このメディア・イメージは、中国系や韓国系等の東アジア系のイメージが強い。これらの集団と違って、アジア系の中でも大学進学率が非常に低い集団があること、勉強のできるアジア系のイメージは、実際にはアジア系に対して存在する差別を過小評価している等の問題が指摘されている。しかし、いずれにせよ、アジア系は白人を上回る数学等の成績を取って、白人マジョリティに比してさえも、目標達成への意欲は高いとされてきた（Stevenson and Lee 1990, pp. 59-67；Chen and Stevenson 1995）。教育を通して目標達成をしようとする意欲は人一倍高いのである。

一世は貧乏なアジア系移民としてアメリカに渡ってくるが、親は中華料理屋を開いて朝も晩も働き、子どもはその期待にみごとに応えて名門大学に入学する……。このアジア系の論じられ方は、中産階級に上昇した層においてさえ、白人との学力格差が埋まらないとされるアフリカ系アメリカ人とは対照的な理解のされ方である。例えば、この分野での第一人者の一人、亡きJ．オグブは、中産階級へと上昇したアフリカ系アメリカ人家庭の生徒が、口では学校でよい成績を修め、高い学歴を獲得することが大切だと言いながら、行動がそれに合っていないことが彼らの学業不振の一因だとする。オグブは、こうした現象を説明するにあたって、（アジア系に見られるような）努力主義信仰がないこと、勉強以外の方法によって社会的に成功したモデルの誘惑が強いことや、強制的にアメリカに連れてこられた人々の子孫としてのアフリカ系アメリカ人にとって、学校という中産階級的な価値が支配する場で「いい子」になり、学業向上につながる行動を取ることは、白人化することにつながるのだと指摘している（Ogbu 1994）。

いずれにせよ、前述のアジア系移民の強烈な努力志向は、その母国の上昇志向と重ね合わせられて論じられてきた。日本は、敗戦の廃墟から「奇跡の経済復興」を成し遂げ、急激に先進国入りをした国として、そして、今では中国もまた、世界の工場として経済的に台頭してきた国として注目されるようになっている。国際学力テストでよく知られたものに、IEAのTIMSSとOECDのPISAがあるが、韓国、台湾、香港、日本、そして、シンガポール等のアジアの国々・地域は、国際学力テストで算数・数学や理科で常に上位であることで知られている。こうした学力上位国のイメージとアジア系移民の「頑張る」行動パターンが、海外では重なって見えているのである。

これらの国はまた、熾烈な受験型社会としても知られ、例えば、日本や韓国からの駐在員が多いところでは、世界各国の様々なところで、本国への帰国をにらんで塾が進出している。教育に投資し、学校の建物から出た後も、何時間も机に向かい続けるアジア系の姿は、移民だけでなく、駐在員の子ども達の姿によっても確認されてきた。つまり、これらは、親も子も「頑張る」文化の子ども達として知られているのである。

2　なぜ頑張るのか――努力信仰としつけ観

では、なぜこれらの国々の子どもが「頑張る」のかについて、海外の研究はどのようなことを述べてきたのか。

例えば、日本人や日系人の達成志向について、心理テストを用いて一九五〇年代あたりから研究を積み上げ、かつての日本人の「頑張り」志向の心理的土台になっていたものについて考えるのに示唆に富む前述のデボス（DeVos 1996, 1960, 1973）によると、日本人の教育熱や仕事熱心さの裏には、親や恩師等に報い、期待を裏切るまいとする、逆に言うと彼らをがっかりさせることへの罪悪感があるという。そして、こうした心理構造と結び付けられたのが、母子関係の強さを背景にして、子どもにつくし、子どもが期待に沿わない行動を取ることによって傷つく母親のしつけ法である。デヴォスはこうした罪悪感によるしつけを、同じように子どもにつくし、母子関係が強いことで知られるユダヤ系移民に通じるものがあるとしていたのは既に述べた。こうした、幼少期から植えつけられた、親や教師、上司等のメンター的な存在、つまり、権威を慕い、尊敬し、期待に応えようとする傾向と、将来の成功のために禁欲的に頑張るという将来志向が、日系では特徴的であるとしている。こうした説明は、今では古風に聞こえようが、それだけに、かつての頑張り志向と今の頑張り志向とで何が違ってきたのかを考える素材にもなりうる。

そして、デヴォスはさらに、近代日本の改革派は、〝遅れた〟日本の前近代的なものを取り払い、近代化を達成しようとしてきたのかもしれないが、心情的なものによって上下関係がつながっているような家族主義的な特徴が日本の組織にあったからこそ、つまり、前近代的な要素が残存するところこそが、日本の近代化を助けた一因となったのではとしている（DeVos 1996）。これは、自主独立の精神に富むことが達成志向の強さにつながっているという個人主義的な前提の反証となりうるものだとデヴォスは考えた（DeVos 1973）。

また、アジア系の中でも特に東アジア系の努力志向とよく結び付けられてきたのが儒教的な価値観によって支えられた努力主義や、人々の能力は平等であり、差は努力によって生まれるとする能力平等観である。つまり、後者に関しては、これらの国においては、能力の限界だとあきらめることなく、努力によってどうにかなるのだという、学習意欲が高くなる思考パターン（奈須 2002）が特徴であるとしばしば言われてきたのである。また、今の日本では滅多に儒教の話は出ないものの、外からの目で見た時には、しばしば儒教圏的な価値観とそのもとでの受験型社会が東アジア諸国の共通した特徴を理解する時に用いられてきた。

日本の教育研究で知られているデュークは努力主義について、「目的のまじめさ、ガンバル（gambaru）ことに対するコミットメントが日本社会を最も根源において特徴付けている」（Duke 1986, p.123）ため、低所得の仕事であろうとも、ガンバル精神を発揮し、集団意識に支えられながら、仲間と共に仕事を達成するために頑張り、仲間も頑張るように促すのだとしている。そして、そのガンバル精神の源は、たとえ「退屈」でも掛け算表を反復し、休みの日も、毎日毎日部活をこなし、教師も、「ガンバル精神」を生徒に内面化させることが自分の仕事の一つだと心得ている学校の仕組みにあるという。

しかしながら、中学のブラスバンドが、毎朝、しかも夏休み中も練習することが本当に必要なのだろうか？　ウェブスターの辞書の持続性の定義によると、「ある目的やゴールを（決して）諦めない」のなら、そうする必要があるのである。現実にはほとんどの子どもが遭遇しないような複雑な幾何学的パターンの試験勉強を、全ての十や十一歳児にやらせる必要があるのだろうか？目的が純粋に算数であったならば、必要はなかろう。なぜなら、平均的な生徒ならテストの後には暗記した式を忘れてしまうであろうから。しかしながら、もし目的がウェブスターの言うところの「何かを継続的に一生懸命やり続ける」考え方を内面化させることにあるのなら、こうしたことを正当化できるのかもしれない。(Duke 1986, p.127)

同じようなことを、例えば、スチーブンソンら（1990）は日中米の母親調査で主張している。日米の一年生と五年生の母親に四つの要因（努力、生まれつきの能力、学校の勉強の難しさ、運）について、その相対的重要性をランク付けする作業をしたところ、日本と中国の母親はアメリカに比べて生まれつきの能力よりも努力を強調することが確認されている。また、これは国際学力テストでも指摘されたことだが、アメリカの子どもに特徴的なのが、自己肯定観が高いことである。東アジア系はどちらかというと、できているわりには謙虚であり、また、数学ができるわりには数学が好きではないと答える傾向がある。いずれにせよ、スチーブンソンらは、こうした、努力によって勉強の結果が出るという努力信仰が日中に強いことが、親や教師、子どもが長時間勉強を肯定する一つの要因だとしている。

そして、より直接的な背景要因としては、本書の冒頭で触れたように、これらの国がどれも熾烈な受験型社会であり、筆記試験で高得点をとることがよい大学、よい職業、よい暮らしにつながるという教育による社会的上昇を信じてきた、急速な近代化を目指した社会だということがあげられよう。試験内容が既存の知識やその応用を問うものが中心であり、上位校においては学校で教えている内容とかなりの差がある中で、求められたのが、現在の快楽を先延ばしにして、長時間机に向かい、反復練習を厭わないようなスタイルの勉強法だったのである。そして、この高圧力から高学力に転換していくパターンが、日本の一部層で崩れつつあることは、既に第Ⅰ部で触れた。

3 能力平等観

東アジア的な、努力を重視し、頑張ることによって結果を出せると考える志向は、人の能力は生来平等であり、その後の本人の努力や環境によって違いが生まれてくるのだという能力平等観と結び付けられて理解されてきた。能力が平等であるとすれば、差が付くのはいかに早くから始め、いかに時間を費やし、いかに努力し、いかに工夫をして効率的に時間を使い、いかに環境を整えるかという、後天的な要因である。

逆に、様々な領域において、生まれつきの能力差が大きいとするならば、ある子どもを伸ばすためには彼（彼女）の才能がどの領域にあるのかを見極め、その才能を伸ばすことが重要なのであり、また、特定領域で才能がない子どもをその領域でそれほどがむしゃらに頑張らせても仕方ないという発想にもなりやすい。実際、日中に比べてアメリカの子どもの学業達成度の低さや、がむしゃらに頑張らない一つの理由に、学力差が生来の能力差によるという考えがより強いからではないかとする主張もある（Stevenson and Lee 1990）。

イギリス、アメリカ、オーストラリア等では、潜在的能力が特に優れているとされる子ども達に対して、特別な措置を取ったり、ギフテッド教育と呼ばれる才能教育（gifted and talented education）を行っている。アメリカは代表的な例であるが、潜在的に能力が優れている子どもの潜在性を「発見」するために、様々な指標が用いられてきた。そして、ギフテッド教育推進者達は、教育が「個別ニーズ」に応えるべきだという個人主義的なレトリックのもと、こうした潜在的能力の高い子どもは特別なニーズを持つ集団だとし、特別なカリキュラム、指導法等、特別な対応が必要だと主張してきたのである。こうした才能教育推進派が、アメリカにおける能力別指導を擁護する一つの勢力になっていることは第Ⅰ部で既に見た。異質な学力層が混じる学力混合クラスは、ギフテッドの子どもの特別なニーズに応えることができないという理由による。

平等主義の立場からこうした主張に反対してきた人々は、能力別指導によって学力底辺層の教育への機会均等が損なわれるとして、異なる学力が混在する集団による指導を求めてきたことは既に述べた（第Ⅰ部参照）。そして、かつて、国際学力テストで点数が高く、初等教育においては学力別ばしば言及されていたのである。筆者が留学していた一九八〇年代後半、一般誌でも、日本はギフテッド教育をしていないにもかかわらず、平等主義を貫きながら、世界一の学力を実現した、というようなタイプの記事をよく見た。そして、今日、そうした議論でしばしば引用されるのは、総合学校においてトラッキングを撤廃したにもかかわらず（あるいはそれゆえに）、国際学力テストで高得点を上げているフィンランドである[1]。

4　能力不平等観が意味すること

ギフテッド教育は、「個別ニーズに応える」という論理が、社会的に恵まれている層に対して用いられる時の落とし穴を見せている。その意味で、個別化へとシフトしている日本への警鐘ともなる。

筆者は前、アメリカの学校、特に才能教育（gifted and talented education）領域の人々に支持されている、生来の能力差を積極的に肯定した能力観について書いたことがある（恒吉 1992）。従来のように、知能指数をほとんど唯一の指標にして才能教育対象者を選抜していくような方法は批判に晒されてきた。しかしながら、才能教育自体は様々な人々によって支えられ、才能教育専門組織によっても、主要大学の関連センターにおいても、ギフテッド教育への支援は提供されている。

図表8-1　自分の幼児がギフテッドか見分ける方法

言語と学習	早期からしゃべり、読み、語彙が多い 言語能力が優れている 自己表現を楽しむ、特に討論における 固有の学習スタイルがある 集中力が平均以上 色々な質問をする 観察スキルに長けていて、観察ないし読んだものの記憶力がある 5歳あたりでも、問題解決的、チェスや収集のような複雑な活動を選び、色々な本や地図、百科事典に興味を示す カレンダー、時計、パズルに興味を見せる 絵画、音楽や他の芸術に長けている
精神的運動能力の発達と意欲	歩き始めるのが早く、書いたり、色付けしたり、物を組み立てたりする時に、細かい運動性コントロールに関して、早熟であるか発達が早い。探究的なプロジェクトが好きである。 探究心があり、好奇心旺盛で、「なぜ？」と問う 環境を習得（master）したがり、学ぶことを喜ぶ 活動的な目標志向である 興味が広範囲で、熱中する
個人的・社会的特徴	就寝時間が短い コミュニケーションは大人を好む（筆者注、自分の年齢の子どもが子どもすぎるという前提がある） 子どもよりも大人とよりうまく接することができ、（同時に）大人の一貫性のなさに悩まされる 大人のうそや誠実さが欠如していることに対して敏感である 死や戦争、世界の飢餓などの問題に対する認識を示す

出典：次ページの協会ホームページ、〈http://www.aagc.org/idet.htm〉、2007年5月入手。
（　）内は筆者。

そして、そこには、生来の才能を発掘する視点と、才能のある子どもには特別なニーズがあり、それに応える必要があるという発想が色濃く示されている。

例えば、「才能のある子どもの米国協会」(American Association for Gifted Children) はそのホームページで、教育機関ではなかなか「診断」が難しい就学前段階の幼児について、保護者に、自分の子どもがギフテッドかどうかを「見分ける」指標を提供している。

ギフテッドな子ども、つまり潜在能力が高い子どもをどのように見分けるかというこの種の才能教育側からのアドヴァイスは、才能がもともとその子どもの中にあり、その潜在性を大人が見抜いて適切な教育環境のもとに置くべきだという信条がかなり色濃く伝わってくる。アメリカにおける人材開発のあり方が問題になる時、才能教育推進者達は、最もアメリカにおいてニーズが満たされていない集団の一つとして才能児を位置付け、その利益を擁護してきた。同時に、才能教育のプログラムに、白人と一部アジア系が集中し、アフリカ系アメリカ人やヒスパニック、英語が母語でない子ども、また学習障害の子ども等、学業不振層に入りやすい集団がギフテッド児から抜け落ちる傾向があることが教育の機会均等の視点から問題になってきた。そのため、こうしたカテゴリーの子どもを意図的に拾い上げる指標もまた、近年、より工夫されるようになっている。

才能教育の論理に対して懐疑的な立場から見ると、例えば、図表8-1で、幼児の時に討論好きだったり、語彙が多かったり、ましてや色々な本や百科事典、地図が好きだなどというのは、本とかに触れる機会が多い家庭環境、つまるところ、階層指標を羅列しているように見える。しかし、肝心な点は、それを家庭の階層差とせずに、子どもの先天的能力、潜在的能力の差に結び付け、「個別ニーズに応える」というレトリックのもとで、彼らを、特別なニーズを持つ子ども達と位置付けていることであろう。才能児の「才能」を、家庭の社会・経済的環境のおかげだと理解したならば、既に条件が恵まれている子ども達に、発展的で特別なプログラムの必要性を説いたり、そのニーズに応えるべきだと主張することは難しい。「個別ニーズに応じる」という、アメリカで広く受け入れられているレトリックに乗るからこそ、既に恵まれている子ども達への特別措置が公教育の中で弁護可能になっていくのであろう。

後天的な家庭環境、親のしつけや本人の努力等を強調してきた日本では、この種の才能教育は無縁に聞こえるかもしれない。しかし、筆者は実は欧米の才能教育には、日本にとって大きな教訓があるように見える。生来の能力差があるのだという論理が、学力上位層に当てはめられ、異なる扱いを可能にする背景には、就学児童生徒の多様化があると思われるからである。従来の子ども達とは家庭背景、文化的背景、階層が非常に異なる子どもが登場する中で、人は生まれながらにして同じではなく、それぞれに「合った」教育をしなければならないという主張が、説得力を持ってくる。

習熟度別指導の議論をした第I部でも扱ったが、アメリカでさえも、能力によるグループ分けが教育において問題になってきたのは、主流英国系の移民とは非常に異質な、経済的に困難な、東欧系移民等が流入してきたことをきっかけにしていた。新しい移民は経済的に貧困層であり、家庭背景も宗教等も主流の「アメリカ人」とは異なっていた。ここに現在のトラッキングの原型とも言える、生徒を能力別に仕分けしていくシステムが台頭してくる（Fass 1989)。同質的な集団においては、グループ分けをする必要性はそもそも低いのである。

今、日本においても、もし小学校においてさえ習熟度別指導が必要に見える時代が来たとすると、それは、日本の子どもの状況が多様化しているから、つまり、家庭環境の格差が拡大しているからである。能力や学力等でグループ分けをして同質的な集団で対応していく指導は、子どもが相互にあまりにも異質であって、同じ集団では教えられない（時として同じ教材や指導方法では教えられない）ことを前提としていると思われる。

5 個人的責任論と個別化

そして、こうした個別化対応への移行期の中で、日本的なヴァリエーションだと思われることが起きている。つまり、階層視点が弱いために、家庭の置かれた状況の格差、階層格差、地域格差が、あたかも個人や保護者の努力の格差であったり、意欲の格差であったりするように見えるのである。人種・民族という集団的特徴が階層差と絡み合って、全ての問題に浮上してくるために、集団的な状況として民族、宗教の違いや社会経済的状況の格差を意識せざるをえない世界の大多数の国々に比べて、日本は見かけ上の同質性が高く、民族差はほとんど話題にさえならず、階層差も従来はあまり強調されてこなかったため、問題は、その子どもの個人的な要因、例えば、親のしつけ方、保護者の教育熱心さ、本人の努力、本人の性格等にたどられやすい。

これは、他と異なる子ども達の研究をしていると、よくわかる。筆者は前に一九八〇年代以後日本社会に増えてきた新来外国人の子どもの研究をしたことがあった。その時に日本の教師の一つの特徴は、子どもは世界各国どこでも同じであり、例えば、中国からの子どもがある行動パターンをとるのは、その子どもが中国から来たからとか、ブラジルから来たから、つまり、前提とする制度や文化習慣が違うからではなくて、その子どものパーソナリティや個性による、その子どもの努力が足りなかったり、親のしつけによるのだとされることであった。例えば、ブラジルからの親子が（日本の基準から見れば）「ルーズである」等の種類の発言をよく聞いた。親はきちっと便箋にメッセージを書くのではなく、ノートの切れ端に書いてくる、子どもは自分の持ち物と他の人の持ち物をきちっと区別していない等の類の発言である。これは、アメリカであったならば、明らかに、文化によって説明されるところを（例　我々からは「ルーズ」に見えるが、ブラジルではこの場合はこうするので○○さんはこうしている）、日本の場合はその子どものパーソナリティ（ルーズな子）や個人的・個別家庭的な理由付けをする傾向があった（恒吉 1995）。逆に言えば、集団的な特徴だと認識するほどそのグループの子どもをまとめて見ていない、ということもあるが、同時に、集団的な説明付け（例　中国はこうなので）をすることが、差別だと理解して意図的に回避している面もあった。

こうした、集団的な特性を認識しにくいし、認識しまいとする中では、多くの要因はパーソナリティや家庭の育て方等の個人的な事情によるものだとされていく。そして、第II部で見たように、もともと日本の場合は同質性を前提として、同質性を演出する（例　おそろいのものによって表面的な差異の表出を抑える、上下のレベルをそろえる）志向が見られ、同質性の前提が維持されてきた。

近年、個別ニーズに応じるレトリックが以前よりも強くなってきた。規制緩和、個性化によって、制度的にも後押しされている。こうした中で、子どもの意欲・関心や子ども主導の学びを尊重することがよいことだというレトリックもまた強くなっている。後者は、個レベルにおいて個々の関心がそれぞれ違うことを想定している。ところが、この傾向と、個人的要因に原因を還元する日本人の傾向が一緒になると、ともすると、やらない（やる気のない）のも子どもや家庭のせいだということにされやすい構造になっているのではないかと危惧する。頑張るのも頑張らないのも子どもの自主性であるとされるならば、頑張らないのは本人のせい（個性？）だと片付けやすいからである。

どの子どもをも何が何でも一定レベルまで持っていこうと、放課後残したり、教師が直接手を下したかつてのモデルは、確かにそのままでは維持しにくい状況になっているのかもしれない。しかし、第I部で見たように、社会的公正への実現を目指す海外の教育潮流を見た場合、今日、目指されるべきは、レベルを落とすのではなく、底上げ式に上位レベルに与える内容をどの子どもにも形を変えても与えることを目指し、指導方法の工夫や協同的な学習、そして、底辺層への特別な支援を通して、それを実現していくことである。その意味で、日本のかつてのモデルはどの子どもをも引き上げようとし、そこに協同的な学びを持ち込んでいるという意味では本質的には間違っていないように見える。

注

（1）例えば、Sean Cavanagh, "Finnish Students Are at the Top of the World Class." *Education Week*, March 16, 2005.

第九章　ポスト努力主義社会日本の到来

1　「頑張らなくなる」日本の子ども達と二極分化

デュークのガンバル精神の考察は、一九八〇年代のものである。では、今日はどうであろうか。中央教育審議会の「青少年の意欲を高め、心と体の相伴った成長を促す方策について（中間まとめ）」（平成十八年九月二十八日）では、現代日本社会で、学習意欲、勤労・就労意欲、つまり意欲が低い青少年が増えているのではないかとの懸念が示されている。「現代の青少年は、上昇への志向を持たなくても生活が可能な豊かな社会に生きている」のであり、現代青少年の意欲減退は、こうした現実への適応能力が高いことのあらわれと見ることも可能かもしれないし、大人になることに不安を抱き、変化が激しく不確実な未来からの逃避としても、見ることができるかもしれないとされている（中央教育審議会 2006, pp.3-4）。運動をする青少年と運動をしない青少年の差の拡大、学力に対応した学校外学習時間や意欲の二極分化、また、前にもイギリスの例で問題にした、リスクを負わない傾向の増大、あるいは、現代型の生活パターンを象徴する夜更かし、朝食抜き等の基本的生活習慣の乱れ、室内遊びが増え、家族、友達、地域の人々、自然との接点が希薄化している等の現代的な青少年の生活の変化があげられている。

仕組みとしては、ガンバラせる基本的構造は日本の学校にまだ残っている。理念としても残っている。しかし、社会条件が変わる中、あちこちで軋みを見せている。例えば、デュークが驚いた猛烈な学校部活動も、少子化、教師の負担、生徒の変化、民間スポーツクラブの台頭、指導者不足……と模索をしている。「ガンバル」と言ってもそれに応える子どもとそうでない子どもがいる。一方、社会ではガンバラないでもマニーゲームで大金を手に入れる人もいれば、ガンバってもリストラされる人もいる。大学全入時代へと向かい、物質的に豊かな社会日本は、ガンバラなくても生きていけると同時に、ガンバってもそれに比例した結果が出ていない、がむしゃらにガンバルことが見合わないように見える社会になりつつあるのかもしれない。それはまた、第Ⅰ部で見たように、高い受験圧力がかなり広い層にまでかかって、均質的な高学力を生み出していくような仕組みが崩れていくポスト受験型社会へと向かっていく中で起きている。

欧米諸国から見ると、まだアジア系移民も、受験型社会のアジア諸国、そして、ポスト受験型社会へと向かっている日本でさえも、教育を通して社会的に上昇していくことに信頼を置き、努力主義社会であるように見えるかもしれないが、他の受験大国の中で見れば、日本はいち早く、ポスト受験型社会・ポスト努力主義社会へと脱皮する様相を見せている。日本と韓国とを比べると韓国の方が学歴への信頼も、アスピレーションも高い、中国の方が昔風のよい大学に入りたい受験志向であることが指摘されている（中村他 2002；日本青少年研究所 2006）。そして、ここでも、教育熱・学歴信仰が階層差を伴って低下していく傾向が日本では見られる。

同時に、全体としては受験圧力が緩和されているものの、保護者や地域性から未だに受験圧力がかかる家庭では、小学生でも長時間学習が求められている。子ども本人の意志が働きにくい小学校段階において、大都市を中心とする中学受験層が多い地域で、勉強時間が極端に短い子どもと、三時間以上学習するオーバーワークの子どもとの二極分化が起きているように見えることは第Ⅰ部で触れた（ベネッセ 2007b）。

国際学力テストの結果公表では各国の点数が独り歩きする傾向があり、日本人生徒の国際的順位が下降傾向であることが話題になったことは記憶に新しい。一九九〇年終わり、学力低下論争が勃発し、高校生の勉強時間の減少が問題になっている。だが、本来は家庭学習の内容と他の活動とのバランス、社会的格差と学習を論じることが肝心なのであり、「ゆとり」が必要な層もいれば、必要でない層もあり、また、どのような「ゆとり」が必要なのかも違い、単に宿題や家庭学習を増やせばよいというものでもない。多様化した社会には多様化した尺度が必要となってくる。

2　日本の価値教育

こうした、海外で日本の特徴とされてきた努力信仰は、実質的には価値を教える教育の一貫とみなしうる。度々本書でも指摘した対人関係を強調する活動も、それに付随した価値体系を持っている。つまり、日本の学校で意図的に伝えられている価値は、全人志向があるために、かなり多岐にわたる。逆に、学校が公の教育の対象として考えていることが狭い場合、例えば、勉強に主として限定している場合、意図的な価値教育として伝えられるものは減る。しかし、このような場合でも、子ども達は価値を習得していないわけではなく、仲間との関係を通して、教師との関係を通して、つまり、かくれたカリキュラムを通して価値を獲得している。

同時に、大抵の国では、価値教育を象徴するような教科や時間がある。例えば、宗教教育や道徳教育、市民性教育、公民科等である。こうした面では、国際的に見た日本の価値教育の特徴は、第一に、特別活動等を含む全人教育志向を持つために、実質的な価値の教育がかなり広範な教育活動を通じて行われているということである。この意味での日本の価値教育は、全人教育的なものとして、海外でも人格教育として評価する声があることは既に述べた。

第二の特徴は、日本は、中国や韓国等の国と同様、道徳の時間、道徳教育をカリキュラムの中に位置付けているタイプの国であることだ。また、道徳教育に関して、望ましいとされる価値を提示して伝達する、価値注入的なアプローチをとっている国でもある。これは、どの価値を支持するわけではなく、価値を模索させるようなアプローチとも、民主主義社会の仕組みにかんする知識・スキルを主として獲得させようとするようなアプローチとも異なる。教育再生会議の第二次報告（2007）では、徳育を教科化して、現在行われている「道徳の時間」よりも内容を充実させ、小学校での自然体験、中学校での社会体験、高校での奉仕活動（必修化）を主張しているが、これも、前記路線での提案であると言えよう。

こうした価値伝達、価値注入タイプの価値教育の場合、大人が提示する価値を子どもが獲得していくことを求めるため、価値を伝達するというアプローチそのものに対する賛否両論はもとより、価値の母体が何であり、提示される価値の正当性の根拠がどのような価値体系にあるのかが争点となりやすい。

例えば、価値体系の土台が宗教に求められ、宗教が同一社会内で並立していたり、対立している場合、あるいは、価値教育が民族の価値体系に求められ、それも複数あるような社会では、こうした価値体系の多元性に対応した価値教育も複線化してくることがある。例えば、マレーシアにおいては、イスラム教を基礎としているマレー系の宗教教育と、非イスラム教徒の脱宗教的な道徳教育はマレーシア社会内の二つの価値体系を象徴する形で並立している。

また、植民地支配から独立後それほど時間がたっていない国々にとっては、多くの場合、解決すべき課題は多様性の尊重ではなく、国民的統合（Cummings et al. 1988, Ch.1）であり、自国の経済発展である。価値教育もまた、国民・民族的統合、ナショナリズムを軸とした国民的アイデンティティの確立、国家の繁栄と国民の義務等が日本よりも切実なテーマとしてしばしば取り上げられている。日本はこうして、道徳教育が、特定の絶対的な宗教的価値を拠り所とした国とも、異なる価値体系が複線的に存在する多元社会の状況とも、ナショナリズム、国家統合と国家繁栄が価値教育の軸となっている国とも、状況がかなり違う。

つまり、日本においては、道徳の時間の価値は、特定の宗教と結び付けられて理解されているわけではなく、特定の民族的価値と同一視されて政治問題化しているわけでもないため、「日本人の」価値、あるいは、普遍的価値として、示されている。「誰の」価値かの争点は、開発途上国でしばしば見られるような、国民統合との絡みで論じられているわけでもない。むしろ日本の場合は、学習指導要領に価値教育が位置付けられている国であり、また、過去において道徳教育（修身）がナショナリズムや軍国主義と結びついて国民の思想統制に用いられた苦い記憶のある国であるため、道徳教育は批判者からは国家の洗脳、国家イデオロギーの強要として受け止められやすい。文部科学省による「心のノート」をめぐる論争等にこうした対立構図を見ることができよう。

無論、日本の場合も、国民の過去をどう意味付けるか、現代青少年や現代日本社会の価値の危機をどう理解するか、「愛国心」「人権」等の争点になる価値に関してどのような立場をとるかのイデオロギー的対立はある。しかし、それらは民族や宗教等に絡まって国民を対立軸によって二分するようなものではない。むしろ、日本の価値教育はモザイク模様であり、欧米的価値も含めて様々な価値が取り入れられている。欧米の価値教育では、特定の徳目を教えるよりも、自分で価値を選択させ、自分の価値を鮮明化させることを重視するアプローチ（Cummings et al. 1988, Ch. 1）や、民主主義社会に関する知識獲得を重視するアプローチが強い。こうした国々と比べれば日本は道徳の時間があるだけでも徳目主義に見えるかもしれないが、日本でも「公民」においては民主主義社会日本の知識獲得が中心であり、特別活動では価値獲得的であるがより実践的であり、日本の場合は教育の射程が広く道徳が特定の価値体系と結び付けられないために、価値教育もまた多岐にわたる。欧米で市民性教育のリバイバルが起きている今日、イギリスを参考にしたり、フィンランドを例にあげたりしながら、「市民性教育」と銘打ったものがラグを伴って日本で唱えられているような現象も、こうしたモザイク社会としての日本の一端をうかがわせている。

3　全人教育の再評価

さて、英語文献によって評価されてきた日本の価値教育は、欧米人にとってモデルになりにくい道徳教育ではなく、日本の学校活動のあちこちにちりばめられている、全人教育の方である（Lewis 1995）。前述のように、安定した対人関係の中で、共同体の中で、はぐくまれることが、学力の土台を作るとの考え方は、他先進諸国でも再評価されつつある（日本モデルとは別に再評価は進んでいる）。これは、一つには、前述のように、感情が統制できない、暴力に訴えてしまう、そうした子ども、そして大人のあり方が問題になる中で、社会性の育成を教育の中に組み込む必要性が以前よりも意識されていることと関係している。勉強ができても、友達に暴力を振るうようでは困るのであり、対人関係能力を育てる場が少なくなっている個別化された社会の中で、家庭だけにその対応を求めているのでは解決していかないという認識が広まっているのである（第Ⅱ部）。

他方では、グローバル競争に後押しされながら、現在様々な国で進められているテスト至上主義的な市場型の改革に対抗する形で、学力テストで測定できる狭い意味での子どもの学力だけでなく、もっと全体として、心理的にも安定し、健康で、意欲的な子どもの育成を目指して、全人的な教育を見直す動きも出ている。

例えば、指導・カリキュラム開発協会（ＡＳＤ、The Association for Supervision and Curriculum Development）は、全人教育についての提案を出し（2007）、どの子どもにも知、情、体のバランスの取れた成長を教育関係者は提供することが結果的には学力向上にもつながるのだと、次のような主張をしている。それによると、児童生徒の社会心理的研究から我々が学ぶべきことは、学校や地域の大人と生徒との良好な対人関係が、子どもの学力、意欲、安心感等を育てる問題解決の糸口であるということである。子ども達が周囲の大人が、自分達が〝何者〟であり、どのようなことを理解していて、何ができるのかを気にかけているのだと思っていれば、子どもはその大人達が価値を見出すものを大切に思い、そこに子ども自身も価値を見出す可能性が高くなるという（ASD 2007, p.16)。

学校に対する所属感についての研究や提言も似たようなことを主張している。周囲の大人に期待され、対人関係がよく、学校での安心感を抱くことが、児童生徒の意欲や学力を向上させ、暴力行為を抑えること、不登校等に効果があるというのである。学校内の大人と生徒、生徒同士の、寛容な、相互に支持するような対人関係や規範が、学校への所属感を支える柱だとされている（U.S. Department of Education 2001; Cotton 2001 ; Raywid 1999)。前述のように、学校を小規模化させることによって、顔の見える関係を作り出し、支えあう共同体を作ろうとする「スモール・スクールズ」（small schools）や大きな学校の中に小さな単位を作って対人関係の親密化を実現しようとする「学校の中の学校」（schools-within-schools）の動きはアメリカ全土で見られる。それは単に規模が小さいことを超えて、コミュニケーションが取りやすい、共同体としての特徴を持っていることが前提となっている。現代版共同体を作り出し、その網の目の中で子どもを見守る体制を作ろうとする姿勢は、日本の学校共同体志向と枠組みは共通している。

今の日本は、親の職業を子どもが継がなくてもよくなった社会である。女性でも、良妻賢母以外の生き方が可能になっている。「頑張らなければ」飢えるわけでもない豊かな社会でもある。しかし、他方では格差拡大が指摘され、頑張っても必ずしも報われないように見える社会であり、自分の将来が見えにくく、漠然とした夢とそれに至る手段とがつながりにくい社会にもなりつつある。こうしたことには、特定の特効薬があるわけでもないことは、各国が模索を続けていることからもわかる。その中の一つのアプローチとして、前記のような対人関係志向のものがある。ロール・モデルとなる先輩がいたり、迷う過程でサポートする大人がいたり、同じ悩みを持つ仲間がいて、そこで共同的（共生的）な対話ができ、人格が安定していくという前提にたっている。従来の日本型教育モデルは、枠組みとしてはこうした共同体（共生体）的な特徴を持っているゆえに、対人関係路線でのモデル作りは既存の日本型の構造を使いやすいという面をおそらく持っている。

4 日本の全人教育を振り返って

日本の価値教育にかんしては、徳育にするのかとか、国家がそもそも提供すべきものなのかとか、価値注入的なものであるべきなのか、座学なのか活動をするのかとか、色々な争点がありうる。同時に、道徳の時間をめぐる議論をよそに、実質的な価値教育が広い全人射程で行われてもいることがむしろ海外では評価されてきた。

今日の日本社会において、ナショナリズムを強く打ち出したような価値教育や、経済発展を軸にしたような社会像は正当性を持つとは思えない。同時に、個々の価値は車輪の部品みたいなものであり、それらが総体として意味を持つには、より上位に社会のヴィジョンが必要である。今の日本は、個々の価値を論ずることはできても、それを束ねる社会ヴィジョンが不鮮明で混乱している。それが、日本の価値教育がグランド・ヴィジョンを見出しにくい原因の一つではないかと個人的には思う。「思いやり」「親切心」等の個人レベルで実行すべき価値が全体としてより大きな社会ヴィジョンの中に相互補完的に位置付いて人々に見える社会において、価値体系が安定していると思われるからである。大衆の価値教育が、特定の宗教を軸にしない日本では、脱宗教的で、多様性を尊重しながらも、個と共に公的（集合的）な利益も守るヴィジョンは何なのかを問われているのかもしれない。

こうした中で、海外から評価されてきた日本の仕組みとしての全人教育志向の強さはどこにあるのか。これは、アメリカの小学校を観察していて感じることの一つであるが、日本の方が教師にとって子どもの全体像が見えやすく、相互的な関係を築きやすい。例えば、アメリカで暴力が問題になってきてから、学校でカウンセラーや葛藤解決の担当者等が葛藤解決プログラムを導入している。こうした葛藤解決プログラムは仲介役の子どもを訓練して、仲介をさせたり、どのように暴力に訴えずに争いを解決していけるのかロールプレイをしたり、葛藤を解決していく方法を教えようとしている。ところが、アメリカの公立学校では、勉強に直結するしつけ以外は基本的に家庭のプライベートの、学校が口出しできない領域だとされてきた。親がどのように子どもをしつけようと、相手に危害を加えるのでなければある意味では勝手なのである。また、教職員の間で、より分業化が進んでいる体制の中では、心理問題や葛藤の問題はカウンセラーの担当ということになり、そこで出てきた、家庭の問題ゆえに子どもが心を落ち着かせて勉強できないでいじめに走るとかは、たとえカウンセラーが把握しても、家庭と解決すべき問題であり、担任が干渉する性質のものではないとされる。それぞれが自分の専門性を持って、専門意識を持って対応していると言えばしているが、普段の姿を見ているのは担任であり、家族問題を把握しているのはカウンセラーであり、というように、同じ子どもの別々の面に別々の大人が接していて、そのバラバラの像が散乱したパズルのパーツのように、一体としてなかなか見えてこないという現状があるように思える。葛藤解決プログラムの中ではロールプレイ等をしているものの、その経験が他の日常生活の場と連続性が薄くなりやすい。

この点、日本の義務教育では教育の射程が非常に広く定義されている。従って、給食の時間も、掃除も、部活も、ただすればよいのではなく、対人関係や人格形成と結び付けられるのである。その意味では、全人教育的な枠組みに最初からなっている。無論、これが中学校になると同じ義務教育でも個々の教師と生徒の関係は薄くなる。従って、前記の違いは最も小学校で見られる特徴ではあるが、中学校においても、日本の場合は、学級や部活が母体となり、共同主義的な志向を強く持つことには変わりない。前述のように、仕組みとしての日本の学校共同体の特徴は、勉強だけでなく、授業外をも含める射程の広さと、教師をも巻き込む網羅性にある。

もともと、人格形成教育とスポーツを結びつけた学校スポーツは、十九世紀イギリスのエリート中等学校で体系化されたという。アメリカでも人格形成教育としての学校スポーツは受け入れられていくが、アメリカ版においてはお国柄を反映して、イギリスよりも大衆的で勝敗に力点がかかっているとされる（Miracle and Rees 1994）。一方、日本の近代スポーツは欧米から輸入され定着していったものが多いものの、日本の社会的状況によって戦時中の軍国主義的な色彩の強いものから、戦後大衆スポーツまで、日本の歴史的・社会的影響を受けて発展してきた（Guttman and Thompson 2001）。

もともと、イギリスのエリート教育では、人格形成とスポーツや芸術活動を結び付けて理解してきた。例えば、イギリス男子エリート寄宿学校であるハローでは、リーダーシップ、チームワーク、創造性その他のバランスの取れた全人的発達を謳って、勉強だけでなく、芸術分野、スポーツ分野等にまたがる達成目標を設定している。ところが日本版の部活の特徴は、それがエリート教育の枠組みではなく、一般国民の人格形成と結び付けられ、しかも、公立中学校、高校において、公式の位置付けはともかく、実態としては教育活動の一貫として猛烈に行われてきたことであろう。そのために、夏休みも休まず行われる日本の部活のあり方に努力主義信仰を見出す海外の研究者が出てくるのである（第八章）。また、努力主義だけでなく、先輩、後輩の関係を学ぶ等、そこには日本社会の価値が自ずから反映されていた。

こうした教科外の運動・文化活動、特にスポーツ活動の効用については、成績向上、問題行動を減らす、対人関係の改善、教師から評価される等、欧米でも多くの研究が行われてきた（Borman and Others 2007 ; Etzionii 1998）。今日では日本の部活も運営上様々な課題を抱えるようになっているものの、全人教育の中でこうした活動が果たしうる役割が大きいことは前記のような研究からも推測される。同時に、教科外のスポーツ等が、行われ方によっては、対人関係上悪い結果をもたらしたり、勝利至上主義的な価値観を支持する、人格の向上に役立たないとする指摘もある

(Gerdy ed. 2000)。つまり、こうした教科外の活動が、どのように行われるのかを抜きにしてはその効果もまた語れないのである。

射程の広い日本型の全人教育は、一歩間違えれば、勉強の時間も、給食の時間も、放課後も、逃れることができない圧迫感をもたらすこともありうる。つまり、生徒にしてみれば、勉強だけでなく、それ以外の場面でも行動を構造化される、強固な統制網として機能することもありうるのである。日本の学校についての英語による研究が、一方では子どもを包み込み、全人的に育てようとする日本の教育の面倒見のよさを評価しながら、前述の「影の軍隊」の指摘のような、集団圧力や過度な集団同調のゆがみにも言及するのも、こうした両面性を暗に示唆しているように思える。

終章　日本型の〝光〟と〝影〟

1　日本型共同体モデルの可能性

現状への閉塞感がある今の日本。その中でもとりわけ子どもをめぐる問題は社会的関心が高い。一方で欧米をモデルにしたカタカナ文字の改革が進められているかと思うと、伝統的価値をリバイバルすることを提唱する等、復古的な主張もされている。しかし、目を海外に向けてみると、日本が今日、直面している問題の多くは、先進諸国に共通したものであり、実は日本的なモデルが西欧の代替モデルとして評価されていることも少なくない。

しかし、日本の内部においては、日本型の子どもの人間形成システムのどこが国際的に見て強さなのかも意識されないまま、日本国内で循環する閉じた言説によって日本が語られる傾向がある。

外から日本を見ることによって、何が従来の日本のしつけ・教育システムの強さだとされてきたのか、どのような特徴があるとされてきたのか、外からの視点を入れることによって現状を再検討するのが本書の目的であった。

未来を創り出すにあたって、自分の強さを知ることは戦略的にも意味がある。国際的に見て、日本型の子どもの人間形成システムの何が強さだとされてきたのか、そして、課題が何であるのかを、必ずしも日本人は戦略的に意識せずに来たのではないかというのが本書の問題提起であった。それは、なぜ日本は、国際的に日本の教育の強さだと言われてきた特徴を敢えて崩そうとしているのかという、海外の研究者が口にすることが多くなった問い、本書の冒頭で述べた問いに答えることにもなろう。海外では指摘されてきたような日本の長所が、自国内ではしばしば長所としては語られてこなかったのが一因ではあるまいか。

本書では、学力、社会性、価値の三領域でこの問いを追ってきた。終章では、そこから示唆されることのいくつかについて整理する。

2　共同体的特徴

全人教育

日本の教育の最大の特徴であり、また、長所だとされてきたのが、全人的関係に支えられた、共同体としての組織のあり方であることは各章で見てきた。確かに、本書では、英語での文献によって描かれた日本を見てきたため、アメリカ等のより個別化された国が暗黙の比較対象となっている場合が多く、日本の組織の共同性、集団性、社会性に関連した部分がことさら浮き彫りになる面はあろう。しかし、現代社会の共通状況として、個別化、都市化等が存在するわけであり、こうした状況の進んだ（進む）国々で、共通の課題として、何らかの形での共同性を再構築することが求められている。そうした中では、ある種の共同体的なものを、近代組織の中に組み込んでいった日本型のモデルは、時代の要請に合っている面があることは既に見てきた。

第Ⅰ部で見たように、こうした共同体志向の上に成り立っていたのが教師の協同的な学習として国際的にも評価されつつあるレッスン・スタディであった。校内研究が形骸化している等の批判はあろうが、活用しうる形で、教師の協同的な仕組みやそれを支えるイデオロギーが「伝統」としてあるのは日本の大きな強みになっている。前述のように、例えば、アメリカの小学校に行くと、個々の教室に置かれた机や一瞬くつろぐためのラウンジはあっても、皆が頻繁に集まるような場がしばしばない。アメリカでレッスン・スタディと呼んでいるものも、学校ぐるみのものではなく、関心の高い教師が個人で自発的に参加する自己向上の活動であり、学校全体を網羅する、〝学校向上〟を主とした共同体的な営みではない。専門的教育が柱となる大学院での教育と異なり、小中の成長過程における教育は、狭い意味での〝勉強〟以外の部分での成長が、結果として学力にも反映される可能性が大きい。つまり、児童生徒の生活全体を包み込むことが効力を持ちやすいのである。

顔と顔の見える関係の中で、誰かが自分を気にかけていると思える環境の中に児童生徒を包み込むことが効力を発揮するという研究は、第Ⅰ部で見たように、スモール・スクールズ研究、ケアの共同体を作ろうという提言等によって、欧米諸国でも注目されている。学力の土台には人間形成があるとする日本の従来の全人教育志向は、その意味では枠組みとしては極めて現代的なのである。

こうした日本の公教育の射程の広さを象徴するものに、特別活動や部活動があろう。英米でも、スポーツ（や文化活動）は、スポーツマンシップ、協調性、リーダーシップ等、人格形成上の意味を与えられていることは前に述べた。勝利至上主義の競技スポーツが非難されながらも、将来のリーダーたりうる資質や責任感、社会性、文化面での感性の発掘等の人格形成上の役割をスポーツや文化活動は期待されてきたのである。

運動部活動の実態に関する調査研究協力者会議の二〇〇一年調査によると、中学校で運動部に所属しているのは七〇％以上、文化部は一七％弱、部活にも、地域のスポーツクラブや文化的教室等にも所属していない生徒は七・六％である。週当たりの運動部の活動日は六日と七日を合わせると六〇％を超えている。これは顧問の指導日数にも反映され、週六日指導が四〇％を超えている（運動部活動の実態に関する調査研究協力者会議 2002）。中学生・高校生のスポーツに関する調査研究協力者会議の一九九六年調査でも似たような数字が並び、回答した中学校のほぼ半数が夏休みも二十一日以上部活がある（中学生・高校生のスポーツに関する調査研究協力者会議 1997）。中高、特に義務教育段階の中学でのこのモーレツぶりが、日本の部活の特徴となっている。

つまり、英米のように、活発な課外活動がエリート校でのエリート育成、あるいは、ごく一部のアスリート的人生を歩む高校の競技スポーツや地域のスポーツクラブとして存在するだけではなく、一般大衆の国民教育と結び付けられ、モーレツに行われてきたのである。

過度な活動日数、精神主義・根性主義、古い上下関係等、色々批判されたり、指導者不足等が言われつつも、こうした課外活動が続くのは、自分の時間がなくなるのも惜しまずに使命だと思っている教師がいて、それをサポートする保護者がいるからであろう。これは、義務教育段階の一般の公立学校で、他国で普通見られる状況ではない。

第Ⅱ部では英米で、リスク回避社会・訴訟社会の波が押し寄せる中で、身体的に怪我をする可能性がある活動が、保護者からの訴訟のリスクを負いきれないと教育現場で回避される傾向を見た。その余波は、休み時間や体育にまで一部及んでいた。ますます体を動かさないでも済むようになった現代社会における身体能力の育成という観点からも、勉強以外の面での全人的発達という観点からも、リスクを伴う身体活動は教育的には意義が大きいとされながら、リスク回避社会の中で敬遠されやすいのである。

教師の多忙や猛烈過ぎる部活がむしろ学校生活にとって悪い影響を与えたり、古い根性主義の体質が残っていたり、その中身に関しては課題を抱えつつも、全人教育の中にスポーツや文化活動を一般の公立学校の中に位置付ける受け皿があるのは、日本の強みとなりうることが、うかがえよう。

日本型共同体の光と影

さて、今まで見てきたように、外の視点から見た時、〝絆〟のしつけと教育が、日本の大きな特徴だとされてきた。そして、その〝絆〟は教師がその権威によって直接統治するのではなく、むしろ、対人関係の網の目の中で、仲間同士の規制や影響力によって、共感と理解によってリモートコントロール式に統制するものであった。こうした全人的な関係を目指し、相互依存度の高い密接な共同体を築く日本型モデルは、一方では海外の観察者によってその温かさや効力を称えられてきたのはうなずけよう。〝頭脳〟だけでなく、身体的な発達も、そして、価値や態度の育成をも明確に目標としてきた日本の教育は、前述のように、「人格教育」(character education) のモデルとしても引用されていた。

だが、その温かい共同体は同時に、集団の統制から逃れるすきのない怖さをも伴っていた。全人教育の枠組みのもとでは、勉強の時間だけでなく、掃除の時間も給食も、中高では放課後の部活の時間まで、学校の目が届く、〝教育〟の時間となる。その傘下では、仲間集団は、反学校的な、大人社会との対抗的な性格を帯びる自由を持っているわけではない。教育目標として自治能力、自発的な同調を目指しながらも、そこで意味される自発性は学校の教育目的に沿う形での方向性が前提となっているのである。共感と情緒によって支えられた〝自発的〟な同調は、同時に、多方面を射程に入れた、統制・社会化の方向付けシステムでもある。

日本型の共同体はまた、伝統的な村落共同体同様、成員が同質的であることが前提となってきた。

同質的であるからこそ、同じに扱うことが平等であると考えるわけである。同じ学校共同体のメンバーとして同じであるので、平等＝同じに扱う。これを海外の研究者は、日本の学校では、仲間としての類似性と共同体としてのまとまりを自覚することに力点があるために、学力底辺層の引き上げが強調され、上層の子どもを待たせてでも皆で歩んでいくことを好む傾向を作り出してきたとしている（第Ⅲ部）。

同時に、民族マイノリティや帰国子女のように、他の子ども達と同じ機会を享受するためには、条件が違い過ぎるために異なる扱いをする必要がある異質性の高い児童生徒に対しては、日本型システムは対応できないことが批判されてきたことも前の章で見た。

日本型教育システムはまた、前述の共同体意識の強いアメリカのカトリック学校のように、共通学習内容と共通体験という、成員の共通した枠組みを重視する中で、学習内容を分化させずに、比較的多くの生徒に進学向けの共通した学習内容を提供することでも知られてきた。そして、この種の特徴は、中と中以下の子どもの学力向上に寄与してきたとされることは第Ⅲ部で見た（Colman Powell 1986）。これは、根拠付けは違うものの、フィンランドのように、脱トラッキングによって義務教育においては共通学習内容、共通体験を社会的公正との関係で議論している欧米の国々と結果的には似たものをもたらす。

こうして見ると、日本型の共同体の光（例　顔の見える関係を支える仕組み）と影（例　逃れることができない集団統制）の両面が複雑に絡みつつ日本モデルの国際的評価に関係していることがわかる。

共同体の改革

さて、現在の教育改革の方向性を考える時、こうした日本型共同体の〝影〟だと言われる部分にメスを入れようとするものや〝光〟の部分を土台にするものだけでなく、〝光〟の部分を変えようとするものもある。根性主義の古い体質等、〝影〟の部分はかなり議論がされてきたように思える。しかし、国際的に評価されてきた〝光〟の部分は、それほど国内では自覚されてきたわけではない。自己の強さを意識することによって、〝光〟の強さをより戦略的に生かすこともできるかもしれないと同時に、〝光〟を揺るがす可能性のある改革を、より批判的に検討することもできるのかもしれない。

習熟度別指導はその象徴的な例として本書でも取り上げた。能力や学力によるグループ分け、トラッキングが、欧米諸国で問題になってきたのは、それが結果的に社会の階層差、社会的不平等を学校に持ち込むことになるからである。グループごとに教材や教える内容・方法までも変えれば変えるほど（例　上のグループを発展的で考える内容にして、下ほどドリル的にする）、上のクラスにベテランがあてられる等の指導の質と比例するほど、グループが固定的であるほど、逆転がしにくくなることが既存の研究から示唆されている（第I部）。

同時に、児童生徒の学力差や目標等が多様化すればするほど、指導を分化させる方向で圧力がかかる。そのため、トラッキングの歴史を紐解くと、それが、就学人口の多様化、しかも社会底辺層の流入による多様化と密接な関係にあることがわかる。経済的格差が少なく、家庭のサポートが押しなべて高く、生活レベルが同じような家庭、学力レベルが同じような子どもが集まっているのであれば、能力・学力によるグループ分けは不要なのである。逆に言うと、日本で今叫ばれている格差社会化、あるいは、冒頭で問題にした受験格差社会化は、子ども間の生活状況や目標が分化しつつあることを反映した現象であり、そうした傾向が進めば、グループ分けをして指導するような方向で圧力がかかる。

しかし、社会的公正の視点から見た場合、その方向が必ずしも解決になっていないことが第Ⅰ部の議論からもうかがわれる。今日、多様化時代の日本を考える時、多様化する子どものあり方に指導を分化することで対応する、アメリカ等が選択した道（そして、今乗り越えようとしている道）をたどるとすると、第Ⅰ部の研究で見られるような弊害を、いかに回避するかが問われる。つまり、アメリカ等におけるトラッキング研究が指摘してきた格差拡大等の弊害を伴わない日本版トラッキング、日本型の代替モデルがありうるのかが問われよう。

そう考えると、むしろ国際的なモデル性を持つのは、よりストレートに日本型の強さを生かし、トラッキングの推進ではなく、従来の日本の〝光〟（例　共同体的枠組み）の部分を生かそうとしたモデルを提示することではなかろうか。

他方、従来の日本型とされてきた、共通したカリキュラムが高めのアカデミックレベルで設定された場合に問題にされやすいこととしては、ゆとり教育以前の日本の教育に一例を見ることができる。今では見直しが進められているゆとり教育であるが、なぜそれが求められたかというと、それ以前は、受験戦争の弊害、「落ちこぼれ」、詰め込み教育が批判され、その弊害を克服することが課題だとされていたからである。要求の多い共通したカリキュラムを全ての子どもに求めることは、遅れている子ども達にはより努力するように圧力がかかる可能性もある反面、努力しても努力しても追いつけない、評価されない無力感を感じたり、諦めたり等も起こりやすくなる。

こうした中では、底上げの工夫や努力しても上がらない生徒を支えるしかけがどうしても問題になってくる。そして、わからなくなっている子どもの場合、どこで躓いているか、なぜわからなくなったかもバラバラであることを思えば、ここにおいて個別指導をすることが社会的公正の視点からも正当性を持つのではないかと既に述べた。また、日本の〝光〟を生かした共同体志向の改革から見た場合、勉強の仕方をモデリングでき、相談できるような（同年齢や異年齢の）ピア・グループを作ったり、上の学年の生徒や教師のテューター的な支援をより体系的に提供するのも一つの方法ではあろう。これに類似した共同体志向の実践改革がアメリカ等でも提唱されていることは第Ⅲ部でも見た。これらは、共同体的特徴の延長上にあるようなタイプの改革であり、学力上位層にとってもメリットがあり、日本が国際的に評価されてきた共同体的仕組みを活用していくことができる。国際的に評価されてきた日本型の特徴と逆行したり、あるいは、土壌のないところで日本版を作ろうとするよりは、おそらく国際的に見ればモデル性が高い。

そして、ここでも、日本の場合は児童生徒のフォーマルな教育機会という観点から見た場合、学校が学校として完結できない難しさを持っている。学校の向こうには、受験型社会が存在している。そこで、例えば、公立中学校で学力上位層のニーズに応えようとすると、受験対策に応じることが本人達の直接的なニーズの一つであることが予想される。選抜の基準がそうなっているからである。小学校ではこの層は少数派だが、ここでも東京のような大都市部の学力上位層は中学受験層と重なり、その学力維持には進学塾の存在がかかせないものとなっている。義務教育段階で共同体的な学習が底上げと同一視されれば、特に私立と競合する大都市部では、公立学校から学力上位層が逃げていく。その意味では、塾と様々な形で連携する中学校や高校が現れているが、これらの試みは日本の教育の本音の部分を映し出してはいるのであろう。その意味で、学力も目標も意欲も多様化していく時代の日本型共同体は、多様なニーズの層を射程に入れ、底上げをすることが、結果的に上位層のためにもなるという従来の論理だけでなく、上位層をも満足させる発展的な学習が提供され、共同体的な枠組みでの個別支援が、多様化したニーズに対して向けられていくことが求められているのであろう。そこには教師以外の人々が参入してくることが想定はされるものの、それが現在優勢な、民間、市場競争的な流れに乗っていくのか、学校の論理で対応できるのかは問われよう。

3　日本型多文化的共生体

日本の共同体的な志向が海外においては注目されてきたと述べた。共同体は対人関係の網に守られた温かさを持っていた。アメリカのエリート私立、プレップ・スクールの教訓を分析したある書は、プレップ・スクールの強さを、個人が見え、顔の見える関係の中で、生徒が学校の期待に応えようと動機付けられるような規模の小ささとパーソナルな関係をあげた（Powell 1997）。さらに英米のエリート教育においては、勉強と同じように、文武両道的な全人的発達は、リーダーを育てていく上で一体として理解されてきたことは既に述べた。そこにおいては、しばしば、宗教もまた、中心的な位置を占めてきたのである。日本型モデルは、こうした要素を大衆の国民教育の一環として、共同体に組み込んできたのが大きな特徴であろう。

だが、ここで注意すべきことがある。それは、共同体が、共同的であるから民主的であるとは決して限らないということである。むしろ、伝統的な共同体の特徴を見る時、それは地縁や血縁によって結ばれた同質的な集団であり、変わり者は排除され、異質な者に対する許容度は低い集団である。共同体が価値共同体である場合においても、その共有されるべき価値が、多くの場合は、支配的な人々の価値（例　宗教）であったのが歴史的に見た共同体の論理だったと言えよう。そこに欠けているのは、社会的公正の視点である（第Ⅱ部）。

日本の学校は多分に伝統的な共同体モデルの特徴を持っている。筆者が前に一斉共同体主義と呼んだ志向である。歴史的に差別されている等、異なる扱いを学校がしなければその子どもの権利が守れないような場合でも、日本の学校は、平等＝同じに扱うという同質性前提のもと、同一扱いをする傾向があることが問題になってきたことも述べた。これは、異質なものを持っている子どもの研究においてよく指摘されてきたことだが、例えば、海外において異文化の経験をしてきた帰国子女も、いったん帰国すれば他の日本人と同じように振る舞う（同化）ことが期待される傾向がある。あまりにも異質であるために同一性前提を崩さなくてはいけない時は、例えば入試を例にすると、別枠を設けて、帰国子女枠、外国人枠、と対応してきたのが日本のパターンである。

だが、これからの時代の大きな特徴は多様性の共存であり、多様性に対してどのように対応していくかを学ぶことは、より民主主義的な日本社会の構築に向けて不可欠であるだけでなく、国際社会における現状を生き抜く資質としても必要となっている。図表終-1は伝統的な共同体モデルに沿った従来の日本型を左側に書き、多様な人々が共生する観点からその延長上に組み換えをした理念型の一例を右側に書いたものである。

その地域や学校の実情によって、具体的構想は違ってくる。本書で行ってきたことは、国際的に見て何が日本型のしつけ・教育の強さだとされてきたのかを国際的潮流の中で検討することによって、日本型の特徴を生かしたヴィジョンへの問題提起をすることである。日本型のしつけ・教育の特徴として、リモート・コントロールとその射程の広さや情緒的な基盤が指摘されてきたことは既

図表終−1　多文化的共生体への転換

	伝統的な共同体モデル	多文化的共生体モデル
A　規模	顔の見える関係が可能規模	顔の見える関係が可能規模
B　構成員と前提	同質的 同質性前提	異質的 異質性前提、社会的公正
C　異質なメンバー	同化・排除	多様性の尊重、インクルージョン
D　主要論理		
参加論理	全員参加（強制度高い）	共通体験と社会的公正を軸にしたヴァリエーション
平等論理	平等＝同じに扱う	社会的公正を軸に再編
E　共同的行為を方向付ける仕組み		
共同性(共生性)の単位	クラス・学校・班・部活 （周辺にいる保護者）	共生的集団の多角化 保護者を含んだ共生体
教師の協同化	教師の協同的仕組み （例　校内研修、研究授業）	左記の民主的活性化
内面化の方法	社会化のエージェントとの相互作用	社会化エージェントの多角化 （例　異年齢、地域の人）
	共同体への参加 （例　集団目標を自分達で作る）	共生体への参加 左記の民主的活性化
全人教育	特別活動、部活…	左記の民主的活性化
F　授業	一斉指導（＋習熟度・少人数＋補習等）	一斉指導、協同的授業、社会的公正を軸にした個別化、協同的学習集団の組織

に見た。顔の見える関係の中での温かい対人関係網と、逃れられない集団統制とが共に指摘されてきた。共同体（共生体）モデルを発展させながらも、いかにそのプラス面を生かし、マイナス面を克服するのか。

　また、日本型モデル再考で提起されているもう一つの問題は、全員に対してより発展的な内容を保障し、共通体験や共通学習内容を提供することの重要性と、個人のニーズとの関係である。学力差に対応しようとしたトラッキング（日本では小学校習熟度別指導を例としてあげた）が、社会的公正の視点からは批判されてきたことを見てきた。どのような論理で共通体験と個別的なヴァリエーションを位置付けていくのか。これもまた、同質性前提から多様性前提へと転換しつつ、共同体モデルの延長上に展開していこうとする今後の日本型の課題である。

改革への課題は色々ある。だが、それを日本型の強さだと評価されてきたものを意識して、選択的・戦略的に生かしていこうとするのか、あるいは、意識せずに、また、しばしば、対外モデルが自国ではどのような展開になっているかも意識せずに改革を進めるのか。本書で再検討した海外からの視点は、後者への警鐘となっているように思える。

あとがき

今日、日本の教育やしつけは内省と困惑の時期にある。今まで前提としてきたことが通用しなくなる中で、日本の社会の行方に不安を抱く人も少なくない。その過程において、欧米の改革モデルを無批判に採用したり、従来の日本型のしつけや教育の強さがどこにあったのか、課題がどこにあるのかを吟味することなく、変革が進められているように見える。

従来の日本型のしつけ・教育のどのような面が国際的に評価され、モデルとしての価値があると思われてきたのだろうか。なぜそのような面が注目され、課題は何なのだろうか。海外研究者との共同研究や交流を通して、国際的に評価されてきた日本の強さと、その裏側の課題とを、一度しっかり整理する必要があると思うようになった。そもそも、海外においては、日本型の特徴とその仕組みについての説明をしばしば求められてきた。海外研究者にとっては、日本の教育や子どものしつけに関して、どのような面がモデルとして自国の改革に応用できるかの視点が入ることがしばしばあるため、日本型の強さについても考える機会を与えられてきた。

近年の日本が、国際的には日本の教育の強さだと言われてきたような特徴を崩す方向で改革を進める中で、なぜそうしたことが起きているのかの説明を求められることも多くなった。そして、日本人自身がそうした議論をすることも必要なのではないかとも言われた。また、日本の教育の経験を意識的に生かして、それを国際的に通用するモデルとして再構築していく作業は、実は日本人研究者よりも、英語圏を中心とする海外研究者（海外に拠点を移した日本人研究者も含むが）によってなされてきたのかもしれないと反省したりもした。海外の日本研究者からは、本当は日本人研究者自身がそうしたことをすべきではないかとのコメントも度々受けた。

本書を書くにあたってはこうした言葉が頭にあった。従って、本書を書き終えて、やっと与えられた夏休みの宿題を終えた小学生のような気分になっている。同時に、書きながら整理しきれない部分が多く、宿題を半分しか終えていないような罪悪感もある。また十年後に同じテーマで書き、宿題を終えられればと思っている。

日本はもはや、後発国として、先発国としての欧米の〝進んだ〟モデルを借用していればいい立場ではなくなっている。欧米のモデルを借用するにあたっても、どのような弊害が予想されるのか、日本型のどこが国際的潮流から見て強さなのか、戦略的に見ながら、自国にも、他国にも、説明することが求められている。

最後になったが、本書を書くにあたって、辛抱強く、細かいところまで何度も原稿に目を通してくださった勁草書房の松野菜穂子氏に心からお礼を申し上げたい。本書は解決策を提示しようとするものではないが、国際的に見た日本型の可能性について、問題提起する機会になればと思っている。

二〇〇八年四月

恒吉僚子

事項索引

（あいうえお順）

人名索引
（アルファベット順）

参 考 文 献

Anderegg, Davis. 2003. *Worried All the Time: Overparenting in an Age of Anxiety and How to Stop It.* New York: Free Press.

Amerin, Audrey L. and David C. Berliner. 2002. *An Analysis of Some Unintended and Negative Consequences of High-Stakes Testing.* Report (EPSL-0211-125-EPRU) from the Education Policy Studies Laboratory, College of Education, Arizona State University.

Association for Supervision and Curriculum Development. 2001. "Small Schools, Real Gains." *Educational Leadership* 58: 22-7.

Association for Supervision and Curriculum Development. 2007. *The Learning Compact Redefined: A Call for Action* (A Report of the Commission on the Whole Child). Alexadria, VA（本報告書はhttp://www.ascd.org/learningcompactからも入手可）。

Ballantine, Jeanne H. 1989. *The Sociology of Education: A Systematic Analysis,* Englewoods Cliffs, NJ: Prentice Hall.

ベネッセ教育研究開発センター　2007a 『第４回　学習基本調査報告書』（高校生版）、Vol.40。

――――　2007b 『第４回　学習基本調査報告書』（小学生版）、Vol.38。

――――　2007c 『学習基本調査　国際６都市調査』。

Berger, Peter and Thomas Luckman. 1967. *The Social Construction of Reality: A Treatise in the Sociology of Knowledge.* New York: Anchor.

Berliner, David C. and Bruce J. Biddle. 1996. *The Manufactured Crisis: Myths, Fraud, and the Attack on America's Public Schools.* New York: Addison Wesley Publishing Company.

Bowles, Samuel and Herbert Gintis. 1976. *Schooling in Capitalist America: Educational Reform and the Contradictions of Economic Life.* Boston, MA: Basic Books.

Brewer, Dominic J., Daniel I. Rees, and Laura M. Argys. 1995.

"Detracking America's Schools: The Reform Without Cost?" *Phi Delta Kappan,* 77 : 210-215.

Borman, Kathryn M. and Spencer E. Cahill, and Bridget A. Cotner eds. 2007. *The Praeger Handbook of American High Schools,* vol.1, "extracurricular activities," pp. 146-154.

Burris, Carol Corbert, Ed Wiley, Kevin G. Welner, and John Murphy. 2008. "Accountability, Rigor, and Detracking: Achievement Effects of Embracing a Challenging Curriculum As a Universal Good for All Students." *Teachers College Record* 100: 571-607.

Caudill, William and David W. Plath. 1974 (1966). "Who Sleeps By Whom?: Parent-Child Involvement in Urban Japanese Families." Pp. 277-312 in *Japanese Culture and Behavior: Selected Readings,* edited by Takie Sugiyama Lebra and William P. Lebra. Honolulu: University of Hawaii Press.

Caudill, William and Helen Weinstein. 1974 (1969). "Maternal Care and Infant Behavior in Japan and America." Pp. 225-276 in *Japanese Culture and Behavior: Selected Readings,* edited by Takie Sugiyama Lebra and William P. Lebra. Honolulu: University of Hawaii Press.

鄭　廣姫　2003「韓国における『学力』問題と教育改革―実態・対応と今後の課題を中心に」『比較教育学研究』19: 25－41。

Chen, Chuansheng and Harold Stevenson. 1995. "Motivation and Mathematics Achievement" *Child Development* 66: 1215-34.

中学生・高校生のスポーツに関する調査協力者会議　1997『運動部活動の在り方に関する調査研究報告（中学生・高校生のスポーツ活動に関する調査研究協力者会議』(http://www.mext.go.jp/b_menu/shingi/chousa/sports/001/toushin/971201.htm、2008年1月入手)。

中央教育審議会　2006『青少年の意欲を高め、心と体の相伴った成長を促す方策について（中間まとめ)』(平成18年9月28日)。

Coleman, James et al. 1966. *Equality of Educational Opportunity.* Washington D.C.: Government Printing Office.

Coleman, James and Thomas Hoffer. 1987. *Public and Private High Schools: The Impact of Communities.* New York: Basic Books.

Colangelo, Nicholas and Gary A. Davis. 2003. "Introduction and

Overview." Pp. 3-10 in *Handbook of Gifted Education,* edited by N. Colangelo and G.A. Davis. Boston and New York: Allyn and Bacon.

Comer, James P. 1993 (1980). *School Power: Implications of an Intervention Project.* New York: The Free Press.

Cotton, Kathleen. 2001. *New Small Learning Communities: Findings Form Recent Literature.* Report from the Northwest Regional Educational Laboratory.

Cummings, William, Salvaram Gopinathan, and Yasumasa Tomoda. 1988. "The Revival of Values Education," Pp. 3-9 in *The Revival of Values Education in Asia and the West.* Oxford and New York: Pergamon Press.

Darling-Hammond, Linda. 1995. "Inequality and Access to Knowledge." Pp. 465-483 in. *Handbook of Research on Multicultural Education*, edited by James Banks. New York: MacMillan.

DeVos, George. 1974 (1960). "The Relation of Guilt Toward Parents to Achievement and Arranged Marriages Among the Japanese." Pp. 117-154 in *Japanese Culture and Behavior: Selected Readings,* edited by Takie Sugiyama Lebra and William P. Lebra. Honolulu: University of Hawaii Press. (originally, *Psychiatry* 23 (3): 287-301)

——— 1973. *Socialization for Achievement: Essays on the Cultural Psychology of the Japanese* (with contributions by Hiroshi Wagatsuma et al.). Berkeley: University of California Press.

——— 1996. "Psychocultural Continuities in Japanese Social Motivation." Pp. 44-84 in *Japanese Childrearing: Two Generations of Scholarship*, edited by David W. Shwalb and Barbara J. Shwalb. New York: Guliford Press.

土居健郎　2007　『「甘え」の構造』（増補普及版）弘文堂。

Duke, Benjamin. 1986. *The Japanese School: Lessons for Industrial America.* New York: Praeger.

江淵一公・酒井豊子・森田正規編　2000　『共生の時代を生きる——転換期の人間と生活』日本放送出版協会。

Epstein, Joyce L. and S.B. Sheldon. 2002. "Present and Accounted

for: Improving Student Attendance Through Family and Community Involvement." *Journal of Educational Research* 95: 308-318.

Etzioni, Amitai ed. 1998. *The Essential Communitarian Reader.* Lanham, Maryland: Rowman & Littlefield Publishers.

——— 1998. "On Character Education," *The School Administrator* (May): 35-36.

Fass, Paula S. 1989. *Outside In: Minorities and the Transformation of American Education.* New York and Oxford: Oxford University Press.

Fernandez, Clea and Makoto Yoshida. 2004. *Lesson Study: A Japanese Approach to Improving Mathematics Teaching and Learning.* Mahwah, N.J.: Lawrence Erlbaum Associates.

Gamoran, Adam. 1992. "The Variable Effects of High School Tracking." *American Sociological Review* 57: 812-828.

Gamoran, Adam et al. 1995. "An Organizational Analysis of the Effects of Ability Grouping." *American Educational Research Journal* 32 : 687-715.

Gerdy, John R. ed. 2000. *Sports in School: The Future of an Institution.* New York: Teachers College, Columbia University Press.

Goleman, Daniel. 1997 (1995). *Emotional Inteligence.: Why it Can Matter More than IQ.* New York: Bantam Books.

Granju, Katie Allison with Betsy Kennedy. 1999. *Attachment Parenting: Instinctive Care for Your Baby and Young Child.* New York: Pocket Books (a division of Simon & Schuster).

Guttman, Allen and Lee Thompson. 2001. *Japanese Sports: A History.* Honolulu: University of Hawaii Press.

Hale, Janice E. 1982. *Black Children: Their Roots, Culture, and Learning Styles.* Revised edition. Baltimore and London: Johns Hopkins University Press.

Hallinan, Maureen T. and Aage B. Sorensen. 1987. "Ability Grouping and Sex Differences in Mathematics Achievement." *Sociology of Education* 60: 63-72.

Hallinan, Maureen T. 1992. "The Organization of Students for Instruction in Middle School." *Sociology of Education* 65: 114-127.

——— 1994. "Tracking: From Theory to Practice." (Including an exchange with Jeannie Oakes). *Sociology of Education* 67: 79-91.

浜口恵俊　1982『間心主義の社会日本』東洋経済新報社。

橋本吉彦他共著　2003『今、なぜ授業研究か』東洋館出版社。

Hendry, Joy. 1986. *Becoming Japanese: The World of the Pre-School Child.* Honolulu: University of Hawaii Press.

Hess, Robert D., Hiroshi Azuma, Keiko Kashiwagi, W. Patrick Dickson, Shigefumi Nagano, Susan Holloway, Kazuo Miyake, Gary Price, Giyoo Hatano, and Teresa McDevitt. 1986. "Family Influences on School Readiness and Achievement In Japan and the United States: An Overview of a Longitudinal Study." Pp. 147-166 in *Child Development and Education in Japan,* edited by Harold Stevenson, Hiroshi Azuma, and Kenji Hakuta. New York: W.H. Freeman and Company.

Hirsch, E.D. Jr. 1996. *The Schools We Need & Why We Don't Have Them.* New York: Doubleday.

Holloway, Suzan D. 2000. *Contested Childhood: Diversity and Change in Japanese Preschools.* New York: Routledge.

本田由紀　2005『若者と仕事——「学校経由の就職」を超えて』東京大学出版会。

Jones, Sire Digby. 2007. *Cotton Wool Kids* (Issues Paper 7, Releasing the potential for children to take risks and innovate), from HIT.

門脇厚司　2005『社会力がよくわかる本』学事出版。

———　2006『社会力再興——つながる力で教育再建』学事出版。

Kao, Grace. 1995. "Asian-Americans as Model Minorities? A Look at Their Academic Performance". *American Journal of Education* 103: 121-59.

苅谷剛彦　2000『階層化日本の教育危機——不平等再生産から意欲格差社会（インセンティブ・ディバイド）へ』有信堂。

国際教育到達度評価学会（IEA）1999『第三回国際数学・理科教育調査第二段階調査（TIMSS-R）』。

———　2003『国際数学・理科教育動向調査の2003年調査』(http://

www.mext.go.jp、 文部科学省ホームページから、2006年８月入手)。
国立教育政策研究所編　2004 『生きるための知識と技能――OECD生徒の学習到達度調査（PISA）2003年度調査国際結果報告書』ぎょうせい。
厚生労働省　2007 『保育所保育料の徴収状況に関する調査の結果について(訂正後)』(平成19年９月14日訂正後発表分、厚生労働省のホームページから入手可能)。
Kulik, James A. 1992. *An Analysis of the Research on Ability Grouping: Historical and Contemporary Perspectives.* Report from the National Research Center on the Gifted and Talented, No. 9204, CT.
教育再生会議　2007 『社会総がかりで教育再生を――公教育再生に向けた更なる一歩と「教育新時代」のための基盤の再構築』平成19年６月１日。
Lareau, Annette. 2000. *Home Advantage: Social Class and Parental Intervention in Elementary School.* Lanham, Maryland: Rowman & Littlefield.
Lebra, Takie Sugiyama. 1976. *Japanese Patterns of Behavior.* Honolulu: University of Hawaii Press.
Lebra, Takie Suigyama and William P. Lebra. 1974. *Japanese Culture and Behavior: Selected Readings.* Honolulu: University of Hawaii Press.
Lee, Christine Kim-Eng. 1999. "Cooperative Learning for Singapore Schools: Potential, Practice and Pitfalls. Paper presented at a SCTT forum on "Interdisciplinary curriculum, interdisciplinary project work and cooperative learning," National Institute of Education, Singapore, May 13, 1999.
LeTendre, Gerald K et al. 2003. "What is Tracking? Cultural Expectations in the United States, Germany, and Japan. *American Educational Research Journal* 40, Spring: 43-89.
Levine, Daniel U. and Lawrence W. Lezotte. 1995. *Effective School Research.* Pp. 525-547in J. Banks and C. Banks. *Handbook of Research on Multicultural Education*, New York: MacMillan.
Lewis, Catherine. 1995. *Educating Hearts and Minds: Reflections on Japanese Preschool and Elementary Education.* Cambridge:

Cambridge University Press.
——— 2002. *Lesson Study: A Handbook of Teacher-Led Instructional Change.* Philadelphia, PA: Research for Better Schools, Inc.
Lewis, Catherine and Ineko Tsuchida. 1998. "A Lesson is Like a Swiftly Flowing River: How Research Lessons Improve Japanese Education." *American Educator* (Winter): 12-52.
Loveless, Thomas. 1998. *The Tracking and Ability Grouping Debate,* (http://www.eduexcellecne.net/foundation/publication/publication.cfm?id=127、2006年８月入手)。
——— 1999. "Will Tracking Reform Promote Social Equity?" *Educational Leadership* (April): 28-32.
Miracle, Andrew W. Jr. and C. Roger Rees. 1994. *Lessons of the Locker Room: The Myth of School Sports.* Amherst, New York: Prometheus Books.
文部科学省　2007a 『平成19年度　全国学力・学習状況調査　調査結果ポイント』平成19年10月, (http://www.nier.go/homepage/kyoutsuu/tyousakekka/tyousakekka-point.pdf、2007年11月入手)。
文部科学省　2007b 『学校給食費の徴収状況に関する調査の結果について』。
Mun Ling, Lo, Pong Wing Yan, and Pakey Chik Pui Man. 2005. *For Each and Everyone: Catering for Individual Differences Through Learning Studies.* Hong Kong: Hong Kong University Press.
中島智子　1993「日本の多文化教育と在日韓国・朝鮮人教育」『異文化間教育』7号、69-84ページ。
中村高康・藤田武志・有田伸編著　2002 『学歴・選抜・学校の比較社会学』東洋館出版社。
中根千枝　1967 『タテ社会の人間関係――単一社会の理論』講談社現代新書。
奈須正裕　2002 『やる気はどこから来るのか――意欲の心理学理論』北大路書房。
The National Commission on Excellence in Education. 1983. *A Nation at Risk: The Imperative for Educational Reform.* A Report to the Nation and the Secretary of Education, United States Department of Education.
日本青少年研究所　2006 『生の友人関係と生活意識調査報告書』(平成18

年)。

Nicholas, Sharon L., Gene V. Glass, David C. Berliner. 2005. *High-Stakes Testing and Student Achievement: Problems for the No Child Left Behind Act.* Report from the Education Policy Studies Laboratory, College of Education, Arizona State University. EPSL-0509-105-EPRU.

Noddings, Nel. 1992. *The Challenge to Care in Schools: An Alternative Approach to Education.* New York: Teachers College Press.

Oakes, Jeannie. 1985 *Keeping Track: How Schools Structure Inequality.* New Haven, Yale: Yale University Press.

——— 1987. "Tracking in Secondary Schools: A Contextual Perspective." *Educational Psychologist* 22: 129-153.

Oakes, Jeannie and Gretchen Guiton. 1995. "Matchmaking: The Dynamics of High School Tracking Decisions." *American Educational Research Journal* (Spring): 32: 3-33.

Ogbu, John U. 1994. "Racial Stratification and Education in the United States: Why Inequality Persists." *Teachers College Record* 96: 264-298.

Peak, Lois. 1989. "Learning to Become Part of the Group: The Japanese Child's Transition to Preschool Life." *Journal of Japanese Studies* 15: 93-123.

——— 1991. *Learning to Go to School in Japan: The Transition from Home to Preschool Life.* Berkeley: University of California Press.

Powell, Arthur G., Eleanor Farrar and David K. Cohen. 1985. *The Shopping Mall High School: Winners and Losers in the Educational Marketplace.* Boston: Houghton Mifflin.

Powell, Arthur G. 1996. *Lessons from Privilege: The American Prep School Tradition.* Cambridge, Mass.: Harvard University Press.

Public Agenda (with support from Common Good). 2004. *Teaching Interrupted: Do Discipline Policies in Today's Public Schools Foster the Common Good?* (available from http://www.publicagenda.org, retrieved August, 2007).

Shimahara, Nobuo K. 1986. "The Cultural Basis of Student Achievement in Japan." *Comparative Education* 22:19-26.

Raywid, Mary Anne. 1999. "Current Literature on Small Schools. ERIC Digest." ERIC Clearinghouse on Rural Education and Small Schools Charleston WV. (ED425049).

Resch, Nura. 1998. "Track Placement: How the 'Sorting Machine' Works in Israel." *American Journal of Education* 106 (May): 416-438.

Rohlen, Thomas. 1989. "Order in Japanese Society: Attachment, Authority, and Routine" *Journal of Japanese Studies* 15: 5-40.

Rohlen, Thomas P. 1997. "Differences that Make a Difference: Explaining Japan's Success." Pp. 223-248 in *The Challenge of Eastern Asian Education: Implications for America,* edited by William K. Cummings and Phillip G. Altbach. Albany, N.Y.: State University of New York.

Rothbaum, Fred, Karen Rosen, Tatsuo Ujiie, and Noubko Uchida. 2002. "Family Systems Theory, Attachment Theory, and Cultur e." *Family Process* 41: 328-350.

佐藤郡衛　1995 『転換期にたつ帰国子女教育』多賀出版。

斉藤学　1992 『子供の愛し方がわからない親たち』講談社。

佐藤学　2004 『習熟度指導の何が問題か』(岩波ブックレット) 岩波書店。

Sears, William and Martha Sears. 1993. *The Baby Book: Everything You Need to Know About Your Baby-From Birth to Age Two.* Boston: Little, Brown and Company.

Sears, William and Martha Sears. 2001. *The Attachment Parenting Book: A Commonsense Guide to Understanding and Nurturing Your Baby.* Boston: Little, Brown and Company.

Shimahara, Nobuo and Akira Sakai. 1995. *Learning to Teach in Two Cultures: Japan and the United States.* New York: Garland.

Shwalb, David W. and Barbara J. Shwalb. 1996. *Japanese Childrearing: Two Generations of Scholarship.* New York: Gulliford.

Sizer, Theodore R. 1997. *Horace's Compromise: The Dilemma of the American High School.* New York, N.Y. : Mariner Books.

Slavin. Robert E. 1987. "Ability Grouping and Student Achievement in Elementary Schools: A Best-Evidence Synthesis." *Review of Educational Research* 57: 347-350.

——— 1990. “Achievement Effects of Ability Grouping in Secondary Schools: A Best Evidence Synthesis.” *Review of Educational Research* 60: 471-499.

総務庁青少年対策本部　1995『子供と家族に関する国際比較調査の概要』(http://www8.cao.go.jp/youth/kenkyu/kodomo/kodomo.htm、2006年8月入手)。

Stevenson, Harold W. and James W. Stigler. 1992. *The Learning Gap: Why Our Schools Are Failing and What We Can Learn from Japanese and Chinese Education.* New York: Summit Books.

Steveson, Harold W. and Shing-ying Lee in collaboration with others. 1990. *Contexts of Achievement. Monographs of the Society for Research in Child Development* 55 (serial no. 221).

Stigler, James W. and James Hiebert. 1999. *The Teaching Gap: Best Ideas from the World's Teachers for Improving Education in the Classroom.* New York: The Free Press.

Sund, Krister. 2006. “Detracking Swedish Secondary Schools: Any Losers, Any Winners?” (working paper 2/2006, Swedish Institute for Social Research).

Tobin, Joseph et al. 1989. *Preschools in Three Cultures: Japan, China, and the United States.* New Haven: Yale University Press.

東京都福祉保健局　2005『児童虐待の実態II——輝かせよう子どもの未来、育てよう地域のネットワーク』(東京都福祉保健局のホームページから入手可能)。

恒吉僚子　1992『人間形成の日米比較——かくれたカリキュラム』中央公論。

恒吉僚子・S. ブーコック　1997『育児の国際比較——子どもと社会と親たち』日本放送出版協会。

恒吉僚子　1995「教育と社会——ニューカマーの子供が日本の教育に提起するもの」佐藤学編『教室という場所』国土社。

———　1998「ニューカマーの子どもと日本の教育」岩波講座(現代の教育11巻)『国際化時代の教育』岩波書店、187-202ページ.

———　1999『「教育崩壊」再生へのプログラム——日米学校モデルの限界と可能性』東京書籍。

———　2000「公教育におけるハイ・ステークス(high-stakes)な教育

改革――プリンス・ジョージズ郡のリコンスティテューション」『教育学研究』67巻4号: 397-406.
Tsuneyoshi, Ryoko. 2001. *The Japanese Model of Schooling: Comparisons with the United States.* New York and London: RoutledgeFalmer.
――― 2004. "The New Japanese Educational Reforms and the Achievement 'Crisis' Debate." *Interdisciplinary Journal of Educational Policy and Practice* 18: 364-94.
Tsuneyoshi, Ryoko. 2006. "Teacher's Perceptions of 'New' Views of Ability in Japan, China, and Singapore: Preliminary Thoughts from a Center Project." Presented at the Fifth International Conference of the Center for Research of Core Academic Competences. September, 2006, University of Tokyo.
運動部活動の実態に関する調査研究協力者会議　2002『部活動の実態に関する調査研究協力者会議』(東京都部活動基本問題検討委員会資料、http://www.kyoiku.metro.tokyo.jp、2007年8月入手)。
Useem, Elizabeth L. 1992. "Middle Schools and Math Groups: Parents' Involvement in Children's Placement." *Sociology of Education* 65: 263-279.
U.S. Department of Education, Office of Elementary and Secondary Education, Office of Vocational and Adult Education. 2001. *An Overview of Smaller Learning Communities in High School.* Washington, D.C.
Valijarvi, Jouni. 2006. "High Quality Education for All: How the Finnish and Japanese Education Systems Respond to the Challenges of Quality and Equity?" Pp. 172-223,『国際シンポジウム　教育の成果とその主要な規定要因――実証に基づく教育政策――報告書』、兵庫教育大学　教育・社会調査研究センター。
Vogel, Suzanne Hall. 1996. "Urban Middle-Class Japanese Family Life, 1958-1996: A Personal and Evolving Perspective." Pp. 177-200 in *Japanese Childrearing: Two Generations of Scholarship,* edited by David W. Shwalb and Barbara J. Shwalb. New York: Gulliford.
渡辺雅子　2004『納得の構造――日米初等教育に見る志向表現のスタイル』

東洋館出版社。
Wheelock, Anne. 1992. *Crossing the Tracks: How "Untracking" Can Save America's Schools.* N.Y.: New Press.
Winters, Wendy Glasgow. 1993. *African American Mothers and Urban Schools: The Power of Participation.* New York: Lexington Books.
山村賢明　1971 『日本人と母――文化としての母の観念についての研究』東洋館出版社。
Wasley, Patricia, Michelle Fine, Matt Gladden et al. 2000. *Small Schools: Great Strides: A Study of New Small Schools in Chicago.* Report from the Bank Street College of Education.
Willis, Paul E. 1977. *Learning to Labor: How Working Class Kids Get Working Class Jobs.* New York: Columbia University Press.
Zimring, Franklin E. 1998. *American Youth Violence.* Oxford : Oxford University Press.

著者略歴

1961年生まれ
1990年，プリンストン大学社会学研究科，Ph.D.
文京女子大学助教授，東京大学大学院総合文化研究科助教授を経て.
現　在　東京大学大学院教育学研究科教授
主　著　『人間形成の日米比較』（1992，中央公論）
『「教育崩壊」再生へのプログラム』（1999，東京書籍）
The Japanese Model of Schooling: Comparisons with the United States（2001，RoutledgeFalmer）.
『教育研究のメソドロジー』（共編，2005，東京大学出版会）

子どもたちの三つの「危機」
国際比較から見る日本の模索

2008年 8 月10日　第 1 版第 1 刷発行
2013年 5 月10日　第 1 版第 2 刷発行

著　者　恒《つね》　吉《よし》　僚《りょう》　子《こ》

発行者　井　村　寿　人

発行所　株式会社　勁《けい》　草《そう》　書　房

112-0005 東京都文京区水道2-1-1　振替　00150-2-175253
（編集）電話 03-3815-5277／FAX 03-3814-6968
（営業）電話 03-3814-6861／FAX 03-3814-6854
日本フィニッシュ・青木製本所

ISBN978-4-326-65336-2　　Printed in Japan